中老年人生活百事通

董丽娟◎主编

大连理工大学出版社
Dalian University of Technology Press

《老同志之友》杂志社

图书在版编目（CIP）数据

中老年人生活百事通 / 董丽娟主编 . — 大连 : 大连理工大学出版社 , 2013.3

（银发潮·中国系列丛书 . 中老年生活指导系列）

ISBN 978-7-5611-7520-0

Ⅰ . ①中… Ⅱ . ①董… Ⅲ . ①中老年人—生活—知识 Ⅳ . ① Z228.3

中国版本图书馆 CIP 数据核字 (2012) 第 310251 号

大连理工大学出版社出版

地址：大连市软件园路 80 号　邮政编码：116023

发行：0411-84708842　传真：0411-84701466　邮购：0411-84703636

E-mail:dutp@dutp.cn　URL:http://www.dutp.cn

大连金华光彩色印刷有限公司印刷　　大连理工大学出版社发行

幅面尺寸：168mm×235mm　　印张：14.75　　字数：220 千字

2013 年 3 月第 1 版　　　　2013 年 3 月第 1 次印刷

责任编辑：曹　阳　　　　　　　　责任校对：曹丽晶

封面设计：黄敏青

ISBN 978-7-5611-7520-0　　　　　　　　定　价：36.00 元

总序 FOREWORD

据我国第一部《老龄事业发展报告（2013）·老龄蓝皮书》披露，截至 2012 年底，我国 60 岁及以上老龄人口达到 1.94 亿，占总人口的 14.3%，其中 80 岁及以上高龄人口达到 2273 万人。2013 年老龄人口总量将突破两亿大关，老龄化水平将达到 14.8%。另据预测，到本世纪中叶，将迎来老龄人口顶峰值 4.83 亿，约占总人口的 35%，其中 80 岁及以上高龄人口将达到 1.08 亿。届时，每三个人中就有一个老人。全球每四个老人中有一个是中国老人。凸显了"未富先老"、"未备先老"、空巢化与失能高龄化日益加剧的主要特征。

老龄化带来的挑战是全局性的。一是全社会没有做好应对人口老龄化的准备，包括物质和精神的准备。二是贫困和低收入老年人群数量较大，家庭养老功能弱化。三是作为世界上失能老龄人口最多的国家，我国面临的失能老人照护服务压力超过世界上任何一个国家。四是繁荣老年文化的终极意义在于增强老年人的幸福感。处在接近或达到小康生活的老人们，对"颐养天年"有新的理解，花钱买健康、老年上大学、异地养老、境外旅游成为新时尚。繁荣老年文化，让晚年生活充满阳光、绿色、欢笑，莫道桑榆晚，释放正能量。

党的十八大作出了"积极应对人口老龄化，大力发展老龄服务事业和产业"的战略部署。新修订的《老年法》也将"积极应对人口老龄化"上升到法律的高度，确定为国家的一项长期战略任务，国家和社会应采取有效措施，健全保障老年人权益的各项制度，逐步改善保障老年人生活、健康、安全以及参与社会发展的条件，实现老有所养、老有所医、老有所教、老有所学、老有所乐、老有所为。国务院发布的《中国老龄事业发展"十二五"规划》进一步指明了推进老龄事业发展的指导方针和工作目标，建立六大体系、实现"六个老有"目标：建立健全老龄战略规划体系、社会养老保障体系、老年健康支持体系、老龄服务体系、老年宜居环境体系和老年社会工作体系。就社会整体而言，如何搞好老年保障、老年健康、老年心理慰藉、维护老年人的合法权益以及为老年人提供丰富多彩的精神文化生活，让老年人活得健康快乐，活得体面有尊严成为全社会关注的热点问题。

我们推出《银发潮·中国系列丛书》是遵照党的十八大作出的"积极应对人口老龄化，大力发展老龄服务业和产业"的战略部署提出的。本丛书是本着贴近生活、贴近实际的主旨，摸准老年人的阅读习惯，由大连理工大学出版社推出的中老年人大众读物。本系列丛书分为三大系列：老年学术专著系列、老年大学教材系列和中老年生活指导系列。一是老年学术专著系列，以全国各大学社会学、老年学、人口学、公共管理学等专家学者以及老龄工作机构、老年学学会为依托，编辑出版能反映他们最新研究成果的图书。同时翻译出版介绍日本应对人口老龄化成功经验的专著和指导老后生活的畅销书。二是老年大学教材系列，包括老年大学、高职高专教材以及社会工作、老龄护理岗位培训类教材。三是中老年生活指导系列，试图打造成"中国式"居家养老必备手册类图书。为即将步入老龄期的人群提供一个养老规划，引导他们在"过渡期"生活理念、生活方式有所转换，淡定地进入退休生活；为已经进入老龄期的人们提供一系列健康养生、食品保健、出行旅游等生活指导；为低龄老人提供一系列老有所为、老有所乐的趣味读物，引导他们在发挥"潜能"、量力而行为社会做贡献的同时，过一个多彩多姿的晚年生活。

本套丛书具有探索的性质，难免有粗糙、不足之处，诚请专家学者和广大读者不吝指正。

柳中权

2013 年 3 月

前言 PREFACE

21世纪是人们渴望长寿的时代，是人们认识到"最好的医生是自己"的时代，作为新时代的中老年人应树立"没有健康就没有一切"的观念，自觉行动起来，做一个自立、自信、自爱、健康的文明人。最美不过夕阳红，如何把这段美好的景致保持得更久远，让自己的晚年生活得更幸福，拥有健康的体魄，远离疾病的侵袭，快快乐乐度过每一天，是每个中老年朋友最大的愿望。

《中老年人生活百事通》如约而至！这是一套适合中老年人阅读的通俗、易懂、实用、价廉的名副其实的"生活百事通"。向中老年朋友介绍了晚年生活的方方面面，包括科学饮食篇、开心购物篇、安全防护篇、疾病防治篇、养生保健篇、运动健身篇、心理健康篇、休闲娱乐篇、婚姻家庭篇等9大方面。

本书特色

1. 书中采用大字体排版、图文并茂，是为中老年朋友量身定制的生活手册。

2. "温馨提示"、"小妙招"等栏目的设置，更符合中老年朋友的阅读需求，像专门为中老年朋友聘请的贴身专家，随时为中老年朋友提供便利的生活指导。

3.彩色印刷，色彩丰富，书中采用"宜"、"忌"两种最直观、最简洁的方式为中老年朋友的晚年生活提供指导和帮助。

健健康康过百岁，快快乐乐养天年，掌握全新的健康理念，打造优质的晚年生活，做一个健康、快乐、幸福、长寿的老人！

夕阳无限好，莫道近黄昏！健康幸福的晚年生活永远要靠自己争取！

编者
2013 年 3 月

目 录 CONTENTS

总序 01

前言 03

科学饮食篇

饮食要做到营养全面 02

10 种对健康有帮助的食物 04

使人衰老的食物 07

合理安排一日三餐 10

主食搭配要做到精粗合理 13

食用蔬菜有讲究 15

食用豆制品有学问 18

有益于中老年人健康的水果 20

营养丰富的薯类食品 23

中老年人也要食用一些肉类食品 25

鱼类的选择与食用 27

坚果的选择与食用 29

要减少烹调用油量 31

保护好碘盐中的"碘" 34

吃零食有窍门 36

如何喝饮品 38

最好不吸烟 40

如何科学地保存食物 42

四季饮食要点 44

CONTENTS

开心购物篇

如何选购食物 48

如何选择护肤品 50

如何选择衣物 52

如何选择居住环境 54

如何选择保健品 57

如何选择理财产品 60

要警惕购物陷阱 63

安全防护篇

如何防骗 66

如何防盗 69

如何防火 71

如何防电 73

如何防漏 75

如何防震 77

如何防滑 79

如何防止发生意外 81

如何自救 83

CONTENTS

疾病防治篇

不能忽视的几种常见病 86

中老年人的身体警报 91

应定期进行健康体检 95

如何提高免疫力 97

应了解一点穴位知识 99

癌症的预防 101

家庭应常备的药品 104

养生保健篇

如何科学淋浴 108

如何洗头 110

如何搓脸 112

如何科学梳头 114

如何科学护牙 116

如何护眼 119

如何能睡得好 121

如何防止便秘 123

如何进补 125

CONTENTS

运动健身篇

应选择什么样的运动 ……………………………128

什么时候运动比较好 ……………………………130

要多进行户外运动 ………………………………132

运动时应注意什么 ………………………………134

最简单的运动——微笑 …………………………136

最好的运动方式——走路 ………………………138

锻炼平衡的方法 …………………………………140

锻炼关节的方法 …………………………………142

锻炼脑力的方法 …………………………………144

面部运动的方法 …………………………………146

锻炼腰背部肌肉力量的方法 ……………………148

强健内脏的健身法 ………………………………150

四季锻炼应注意的问题 …………………………152

心理健康篇

如何做到心情愉快 ………………………………158

如何做到人老心不老 ……………………………161

如何做到难得糊涂 ………………………………163

CONTENTS

发怒的危害 165

如何保持好奇心 167

抑郁的危害 169

如何做到成功衰老 171

如何看待死亡 174

如何交友 176

休闲娱乐篇

比较适合中老年人看的电影 180

比较适合中老年人读的书 182

比较适合中老年人听的音乐 185

比较适合中老年人跳的舞蹈 188

比较适合中老年人学的乐器 190

下棋益智 192

读书实在妙 194

绘画有益 196

音乐移情又养生 198

养花的好处 200

养鸟好处多 203

垂钓养心 205

CONTENTS

养宠物须知 ……………………………………… 207

登山有学问 ……………………………………… 209

适合中老年人出游的路线 ……………………… 211

婚姻家庭篇

夫妻恩爱利长寿 ………………………………… 214

如何处理与子女的关系 ………………………… 216

如何处理与孙辈的关系 ………………………… 218

"空巢老人"的生活 ……………………………… 220

再婚应注意的事项 ……………………………… 222

科学饮食篇

饮食要做到营养全面

我国60岁以上老年人营养缺乏率平均为12.4%，农村明显高于城市。营养与食品安全专家们研究发现，我国老年人能量和三大营养素（蛋白质、脂肪、碳水化合物）的摄入量已达到正常水平，但微量营养素摄入不足，尤其是维生素A、核黄素（维生素B2）和钙、锌等远不能满足老年人的需要。

宜

1. 粗细搭配
如把荞麦、燕麦、杂豆等粗粮和大米放在一起煮饭、煮粥等。
2. 荤素搭配
把肉类和蔬菜类进行合理搭配，保证饮食的营养均衡。
3. 品种多样
尽量吃多种食物。

老年人新陈代谢功能减弱，60岁人的基础代谢比20岁人的基础代谢减少16%，70岁人的基础代谢比20岁人的基础代谢减少25%。所以，老年人应格外关注饮食中的营养，只有这样才能补充人体所需的能量。

1. 脂肪

应占膳食总热量的15%，其中包括饱和脂肪酸0%～10%，不饱和脂肪酸3%～7%。代表食物主要有米糠油、豆油、玉米油、芝麻油、花生油、菜子油等。脂肪摄入量不宜过多，否则对健康不利。

2. 蛋白质

应占膳食总热量的10%～15%。其余85%～90%的热量由脂肪、碳水化合物提供，其中复合碳水化合物应占50%～70%，它们主要存在于小米、玉米、绿豆等食物中。

3. 糖类（碳水化合物）

应占膳食总热量的 45% ~ 55%。

4. 微量元素锌

老年人应适量吃一些含锌的食物，这些食物有沙丁鱼、胡萝卜、牛肉、花生、核桃仁、杏仁、糙米等。

5. 游离糖

主要指从甜菜、甘蔗中提取的游离糖，水果、蔬菜、牛乳中天然存在的糖不包括在内。游离糖食用量的上限为食物总量的 10%。

6. 食用纤维

芝麻、香椿、豆类、竹笋、萝卜、海藻等食物中的食用纤维含量丰富，可以适当多吃。

7. 食盐

每日摄入食盐的上限为 6 克，无下限量。

8. 胆固醇

每日摄入胆固醇的上限为 300 毫克，无下限量。

营养专家建议：老年人按照饮食营养标准来合理安排自己的饮食，有助于健康长寿。

忌

1. 偏食挑食

食物要多样化，不要偏食挑食。

2. 长期素食

长期素食，不仅容易导致营养失调，还会降低抵抗力。

3. 品种单调

人体要保持健康，必需的营养素有 44 种。因此，要注意饮食的丰富性，勿求简单。

小妙招

吃什么最好？

从营养上来说，"四条腿的（猪、牛、羊）不如两条腿的（鸡、鹅），两条腿的不如一条腿的（菌类），一条腿的不如没有腿的（鱼）。"简单地说，吃卵生动物不如去吃鱼类；吃海洋动物，深海比浅海的动物要好；吃动物不如吃植物好；吃植物不如吃菌类好。

10 种对健康有帮助的食物

良好的饮食可以帮助老年人保持青春活力。老年人的饮食和营养摄取需要特别注意，老年人自己更应该关注营养的摄入。家庭的一日三餐应该根据老年人的生理特性及各项营养需求来安排。营养专家归纳出 10 种对健康有帮助的食物，供老年朋友参考。

研究人员认为，老年人常吃以下食品，不仅能够为身体提供足够的营养，还可以增强体质，延年益寿。

1. 浆果

浆果中的蓝莓是含抗氧化物质最高的水果，抗氧化物质可以中和可能引起慢性疾病（如癌症、心脏病等）的自由基。

2. 奶制品

奶制品不但是提供钙元素的好食品，而且含有大量的蛋白质、维生素（包括维生素 D）和矿物质。这些元素都是对抗骨质疏松症的重要元素。

3. 脂质鱼

脂质鱼含大量的 $\Omega-3$ 脂肪酸，包括大马哈鱼、金枪鱼。这种脂肪酸可以对抗疾病，帮助降低血脂，同时还可以预防和心脏病有关的血凝。

4. 蔬菜类食物

如菠菜、羽衣甘蓝、白菜和生菜等，含有大量的维生素、矿物质

元素、胡萝卜素、维生素C、叶酸、铁元素、镁元素、类胡萝卜素、抗氧化物等，有效抵抗疾病的发生。

5. 全谷类食物

含有叶酸、硒元素、维生素B等有益于心脏健康的元素。这些元素还可以控制体重，并降低患糖尿病的危险。其中的纤维含量，使你在每餐之间不感到饥饿，同时还可以促进消化。全谷类食物包括全麦、大麦、黑麦、谷子、糙米等。

6. 红薯

含有大量的抗氧化剂、植物化学物质，包括胡萝卜素、维生素C和维生素E、叶酸、钙、铜、铁和钾等。红薯里的纤维有利于消化道健康，其中的抗氧化剂在预防心脏病和癌症中发挥了重要作用。

7. 番茄

夏天红透的番茄富含番茄红素——一种可以预防某些癌症的抗氧化剂。同时番茄还提供了丰富的维生素A、维生素C、钾和植物化学物质等。

8. 豆类

豆类含有大量的植物化学物质、高品质的蛋白质、叶酸、纤维素、铁、镁及少量的钙。豆类是获取蛋白质的好食物，而且也是那些低热量素食者的最佳选择。老年人定期吃一些豆类，可以降低患某些癌症的可能性，降低血液中胆固醇和甘油三酯水平，稳定血糖。

宜

1. 吃一些含镁元素高的食物，如菠菜等可以降低II型糖尿病发病的可能性。

2. 常吃些番茄
生吃、熟食、切片吃都可以。

3. 做沙拉、煮汤或炖汤的时候，别忘了加入一些豆类制品。从豆类中，一般不会摄取到大量的热量。

4. 适当吃些坚果
坚果含有对人体有益的脂肪酸和维生素E。

9. 坚果

坚果是一种很健康的食物。无论是其所含的单不饱和脂肪酸还是多不饱和脂肪酸，都可以帮助降低胆固醇的含量，并有助于预防心脏病。要想获取大量的蛋白质、纤维素、硒、维生素 E 和维生素 A，坚果是一个很好的选择。

10. 鸡蛋

鸡蛋富含低价高质的蛋白质，同时也含有类胡萝卜素、核黄素、胆碱等，有利于视力健康，并有助于防止老年性黄斑变性，防止老年人的失明现象出现。

小妙招

纯牛奶与早餐奶哪个好？

纯牛奶只是奶，而早餐奶却是想用配方的办法来替代整个早餐。纯牛奶的配料只有鲜牛奶。早餐奶的配料比较复杂，有牛奶、水、白砂糖、麦精、花生、蛋粉、燕麦等，还有稳定剂、铁强化剂、锌强化剂，还可能有香精。纯牛奶是一种营养相当丰富的食品，但是如果单纯喝纯牛奶作为早餐，营养均衡方面还不够全面。如果改成喝早餐奶作为早餐，相比而言，糖类、脂肪、蛋白质等营养成分更符合一餐的要求。

使人衰老的食物

在日常生活中，有些人以方便面代替早餐、以水果代替蔬菜、以畜肉代替鱼肉、以矿泉水代替白开水、以营养品代替天然食品等，这些饮食习惯都容易引起衰老。科学研究发现，人体的衰老与饮食习惯有着一定的关系，为了延缓衰老，那些"催老食物"应当引起人们的注意，不要经常食用，特别是那些对人体有极大伤害的食物更要远离。

哪些食物能使人衰老呢？

1. 油炸食品

此类食品热量高，含有较高的油脂和氧化物质，经常进食易导致肥胖，是引起高脂血症和冠心病的最危险食品。

2. 水垢

茶具或水具用久以后会产生水垢，如不及时清理干净，经常使用会引起消化、神经、泌尿、造血、循环等系统的病变而引起衰老。

3. 加工的肉类食品

这类食品含有一定

宜

1. 红薯、西红柿延缓皮肤衰老

番茄红素和β-胡萝卜素有助于清除自由基，防止皮肤衰老。红薯、胡萝卜、哈密瓜和绿叶蔬菜富含β-胡萝卜素；西红柿和西瓜则含有丰富的番茄红素。

2. 深海鱼呵护眼睛

富含抗氧化剂的深海鱼有助于防止 AMD（老年人失明的一大主因）的形成。

3. 燕麦

有降低胆固醇的作用。

4. 大蒜

含有的植物化学因子对心脏有益。最好把大蒜切碎或者捣碎食用，吃时不要长时间加热，否则会破坏它的有益成分。

5. 绿茶

含有对身体健康有益的植物化学因子多酚。每天饮用绿茶可以降低患心脏病的危险，用绿茶漱口还可以抑制口腔细菌的生长。

量的亚硝酸盐，因此有导致癌症的潜在风险。此外，由于添加防腐剂、增色剂和保色剂等，造成人体肝脏负担加重。还有，火腿等制品大多为高钠食品，大量进食可导致盐分摄入过高，造成血压波动及肾功能损坏。

4. 罐头类食品

不论是水果类罐头，还是肉类罐头，其中的营养素都遭到大量的破坏，特别是各类维生素几乎被破坏殆尽。另外，罐头制品中的蛋白质消化吸收率大为降低，营养价值大幅度"缩水"。

5. 过氧脂质

是一种不饱和脂肪酸。例如炸过鱼、虾、肉等的食用油，放置久后即会生成过氧脂质；长期晒在阳光下的鱼干、腌肉等也会生成过氧脂质。长期存放的饼干、糕点等，特别容易产生哈喇味的油脂，都会产生过氧脂质。研究人员发现，过氧脂质进入人体后，会对人体内的酸系统以及维生素等产生极大的破坏作用，并加速人的衰老。

6. 腌制食品

食品在腌制过程中，需要大量盐，这会导致此类食物钠盐含量超标，使进食腌制食品者肾脏负担加重。因此，常进食腌制食品者，胃肠炎症和溃疡的发病率较高。

7. 高温油烟

中国人喜欢用高温食用油来烹调菜肴，灶台温度比西方家庭的灶台温度高出 50%。通常食用

油在高温的催化下，会释放出含有丁二烯成分的烟雾，而长期大量吸入这种物质不仅会降低人的遗传免疫功能，而且易患肺癌。

忌

1. 经常吃油炸类、腌制类、罐头类食品。
2. 饼干糕点食品保存的时间过久，尤其是有哈喇味的食品。
3. 在炒菜的时候不注意通风，有毒有害的物质被吸入体内。

小妙招

巧喝水，喝够水

喝水有讲究。

1. 睡前喝一杯水有助于延缓衰老。上床之前，你无论如何都要喝一杯水，这杯水的功效非常大。当你睡着后，这杯水就能渗透到每个细胞里。

2. 沐浴前一定要先喝一杯水。沐浴时的排汗量为平常的两倍，体内的新陈代谢加速，喝了水，可使全身每一个细胞都能吸收到水分，使肌肤光润细柔。

3. 早晨醒来喝一杯水，有助于唤醒你的肌肤及体内各机能，帮助排除体内的毒素。

合理安排一日三餐

常听老年人说岁数大了，活动量少了，每天吃两顿饭就可以了。其实，这种想法是极其错误的，会导致每日所摄入的营养物质不足，对身体健康不利。由于两餐间隔时间长，容易因能量消耗较多而出现体内血糖过低以及饥饿、头晕、乏力、胃痛等不良反应。

1. 早餐

一天的营养补充是从早餐开始的，所以早餐对于人们的健康影响尤为重大，对于老年人则更是如此。经过一夜的睡眠，血糖大量消耗，人体内的血糖水平处于一天中的最低状态，如果不吃早餐，血糖供应不足，不仅体力不支，而且影响大脑和各脏器的活动。换句话说，早餐吃得如何，直接关系到人们的体力和精神状态，所以一定要对早餐有足够的重视。

老年人的早餐要在进餐时间、进餐量和营养搭配上注意。进餐时间以起床 30 分钟以后为宜，过早则食欲不好，过晚则会影响体力，进而影响早上的正常活动。早餐的量要控制在一天所需总食量和总热量的 1 / 3 左右，对于老年人来说，早餐主食量最好在 150~200 克。主食一般吃含有

淀粉的食物，如馒头、面包、包子等；还应该有富含蛋白质的食物作为副食，如牛奶、豆浆、鸡蛋等；还应再配一些素菜，以补充维生素，使营养尽量均衡。早餐的营养均衡还包括干稀搭配、粗细搭配等。均衡的营养能够使血糖水平迅速达到人体所需的正常标准，使人精力充沛，而且还可以提供人体所需的各种营养元素。

2. 午餐

午餐是一日中的主餐，俗话说："早饭要吃好，午饭要吃饱。"老年人午餐摄取的能量应该占每天所需能量的40%左右，主食摄取量应该在150～200克，主要应以面食为主；副食在240～360克，以满足人体对无机盐、维生素及其他营养物质的需要。副食的种类应该尽量广泛，如肉类、蛋类、禽类、奶制品、豆制品、海产品、蔬菜类等。要选择几种进行科学搭配，如可以选择50～100克肉、禽、蛋类，50克豆制品，200~250克蔬菜，搭配食用，既可以耐饥饿又可以补充维生素和其他营养。

午餐吃饱不等于暴饮暴食，吃得过多不利于消化，会产生很多不良反应，影响营养物质的吸收，危害健康。尤其是老年人，要合理控制食量。

3. 晚餐

老年人的晚餐除了注意营养外，最重要的是量的控制。一般老年人都不喜欢夜生活，吃过晚饭后不久就要睡了，晚上如果吃得太多太饱，胃部会有不适感，让人难以入睡。此外，晚上人体的活动较少，对于能量的消耗也比较低，到了夜间入睡后，能量的消耗会

宜

1. 早餐应坚持低糖低脂的原则

　　选择瘦肉、禽蛋、蔬菜、果汁、低脂奶，辅以谷物、面食。

2. 午餐以高蛋白食物为主

　　蛋白质进入体内后会分解出酪氨酸，进入脑后会转化成使人振奋的多巴胺与去甲肾上腺素，从而使人精力充沛。

3. 晚餐应以高糖、低蛋白食物为主

　　糖类会增加血清素的分泌，可预防失眠。

更低，所以晚餐不需要摄入太多的能量。

老年人的晚餐除了要控制食量外，还要注意食物的选择，以含脂肪较少的、易消化的食物为宜。一般情况下，主食100克即可，可以选择馒头、花卷、米饭或稀饭、面汤等；副食50~100克，可选择鱼类、肉类、禽类、蔬菜等。

忌

1.一日三餐品种变化小

有些老年人节俭惯了，总是习惯做一个菜吃好几顿，这对健康是极其不利的。

2.营养需求本末倒置

老年人更需要优质蛋白质和营养素，因此宜选择营养价值高的食物。

3.时间安排不合理

遵循三餐原则，合理安排用餐时间。吃得过早或过晚都不利于健康。

4.晚餐太丰盛

丰盛的晚餐使胃部得不到休息，胃黏膜得不到时间来修复。

小妙招

鸡蛋+面食：提高蛋白质利用率

鸡蛋营养全面而丰富，如果鸡蛋和面食（碳水化合物）一起吃，可提高蛋白质的利用率。有些人早餐只吃个鸡蛋、喝杯牛奶，这样鸡蛋中的蛋白质会流失。如果能与面包或馒头同吃，就可使蛋白质最大限度地被人体吸收。通常鸡蛋最好蒸着吃或煮着吃，如果吃水煮鸡蛋，最好煮得嫩点，即开锅后再煮五六分钟即可，此时蛋黄刚刚凝固，食用这种状态的鸡蛋，人体对蛋白质的吸收率最高。但最好不要吃煎鸡蛋，因鸡蛋煎黄或煎煳都会使蛋白质变性。

主食搭配要做到精粗合理

美国科学家发现，燕麦麸可降血脂、血糖，有利于防治糖尿病。荞麦对糖尿病更为有益。而玉米可加速肠蠕动，有利于肠道排毒，从而减少患大肠癌的几率。此外，它还能有效地防治高血脂、动脉硬化、胆结石等。因此，建议老年人每天吃50克粗粮，最好能吃到100克。

从营养学角度讲，玉米、小米、大豆等单独食用不如将它们按一定比例混合食用营养价值高，因为混合食用可以使蛋白质互补。我们在日常生活中常吃的腊八粥、八宝粥、二米粥、荞麦面白面馒头、豆面白面面条等，都是很科学的粗细粮搭配混吃的食物。

1. 粗细搭配

如把荞麦、燕麦、杂豆等粗粮和大米放在一起煮饭或煮粥、白面粉中加入玉米面粉、荞麦面粉、高粱面粉等做成各色面条、馒头、发糕、饺子皮等，在改善口感的同时，还能发挥蛋白质的互补作用，提高营养价值。

2. 适度加工

整粒的粗杂粮较坚硬、难以嚼碎，不易被人体消化吸收，因此粗粮要巧做，要加工粉碎成颗粒或粉末状，做成多种花色品种，如杂粮面包、杂粮饼干、杂粮糕点等。也可以和蔬菜或肉蛋类食物搭配，如以蔬菜、豆沙、肉类、菌菇等为馅，做成的各色包子、饺子、馍馍等。

3. 干稀搭配

食物干稀搭配非常适合老年人，将粗粮及其制品与牛奶、豆浆、稀饭等一起吃，杂粮馒头配稀饭，也可把玉米、薏仁米、黑米等多种粗粮与白果、百合、莲子、桂圆等搭配做成八宝粥 (原味或甜味)；或把粗粮、杂豆等与大米、蔬菜等搭配做成腊八粥 (咸味)；或将粗粮与果仁或豆类等搭配做成各式羹类，如黑米赤豆羹、薏米绿豆百合羹等。

宜

1. 搭配要巧妙

可采取粗细搭配、米面相配、细杂交替、瓜粮结合、粮豆混合等方法。

2. 粗而勿精

在粮食加工时，要强调粗而勿精，越精越好的想法是错误的。

3. 提倡吃"糙米"

正确的煮糙米饭的方法是：少淘洗、饭熟后多焖一会儿。这既可以保存营养成分不流失，又能使糙米饭可口，还有美容养颜的效果。

小妙招

玉米 + 豌豆：蛋白质互补

玉米中所含的胡萝卜素，被人体吸收后能转化成维生素 A，具有防癌作用。豌豆具有调和脾胃、利尿的功效，还富含胡萝卜素、维生素 C，可使皮肤柔嫩光滑，其中的粗纤维还能预防直肠癌。玉米和豌豆搭配在一起，可提高人体对蛋白质的利用价值。由于两者组成蛋白质的氨基酸不同，混合食用，蛋白质互补，可提高食物的营养价值。

忌

1. 只喝稀饭

有些老年人牙口不好，就喜欢喝稀饭，不爱吃干饭，这样是不对的，对胃部健康不利。

2. 反复多次淘米

有些老年人觉得生米很不干净，只有反复多次淘洗才能干净。其实，这种方法很容易使营养成分流失。

食用蔬菜有讲究

　　我国居民有超过 80% 的人蔬菜、水果摄入量不足。专家建议：每天摄入 300～500 克蔬菜、200～400 克水果，可按照"彩虹五蔬果"的原则来进行搭配，即每天至少三份蔬菜、两份水果（每份约 100 克），并按照多种颜色来进行搭配。

下面几种蔬菜比较适宜老年人食用：

1. 空心菜

空心菜是一种食、药两用的蔬菜，含有大量的纤维素和木质素、果胶等，能够促进肠道的蠕动从而增强排便功能。同时也可以清除体内的有毒物质，防治便秘，减少肠道癌变的几率。空心菜中的叶绿素可以清洁牙齿、滋润皮肤。空心菜还能清热解毒、凉血止血。

2. 菠菜

菠菜的营养价值很高。菠菜中含有的胡萝卜素能够保护视力和上皮细胞的健康，预防传染病。菠菜中含有大量的铁元素，对缺铁性贫血有很好的治疗作用。菠菜中还含有大量的酶，对消化功能具有促进作用。菠菜还能防治便秘、痔疮、慢性胰腺炎等。菠菜能够养血、止血，清热除烦，帮助消化，主要治疗高血压、头痛、目眩、便秘、便血等症。

3. 韭菜

常食韭菜能够温阳补肾、散血化淤，是治疗肾虚阳衰、性功能低下的常用药物。韭菜能活血化淤、行气导滞、促进胃肠蠕动，故对于治疗跌打损伤、反胃、便秘等有一定作用。

1. 深色大叶菜要多吃

红、黄、绿等深色蔬菜中各种维生素的含量比浅色蔬菜和水果都高。此外，深色叶菜中钙的含量也非常高。

2. 蔬菜能生吃的应生吃

蔬菜在加工过程中维生素会遭到破坏。

3. 多吃十字花科蔬菜

如甘蓝、菜花、卷心菜等，含有植物化学物质，有重要的抑癌成分。

4. 芹菜

芹菜的营养价值很高。含有丰富的蛋白质、钙、磷等。中医认为，芹菜可以利咽喉、明目、养精益气、补血健脾。有止咳、利尿、降压、镇静等作用。芹菜对治疗高血压、糖尿病、贫血、血管硬化、月经不调以及白带过多等病也有一定辅助作用。

5. 胡萝卜

胡萝卜富含多种胡萝卜素，有补肝明目的作用。常食胡萝卜能够防治高血压、冠心病、糖尿病等。

6. 洋葱

洋葱气味辛辣刺鼻，能够刺激胃肠以及消化腺的分泌，增进食欲，促进消化。此外，洋葱还有降低血糖的作用，能够预防和改善糖尿病及其并发症，具有调节血脂、提高免疫力的作用，对患有糖尿病的老年人具有很好的食用价值。洋葱含有的微量元素硒是一种抗癌物质，能抑制癌细胞的分裂和生长。

7. 香菇

香菇是一种高蛋白、低脂肪、低热量的菌类。含有10多种易被人体吸收的氨基酸和30多种酶，是老年人补充氨基酸的最佳食物之一。香菇中含有大量的钙、

磷，可以防治佝偻病，香菇还能提高免疫系统的功能。

8. 黄瓜

黄瓜可以清热解毒、除湿镇痛、生津止渴、利水消肿。黄瓜中的纤维素能促进肠内腐败食物排出，并有减肥的功效，对高血压、高血脂等患者非常有利。此外，黄瓜对利尿有独特的功效。

9. 苦瓜

苦瓜含有的苦瓜多肽类物质具有快速降低血糖的作用，能够预防和改善糖尿病及其并发症，具有调节血脂、提高免疫力的作用。苦瓜还具有清凉消暑、解毒明目等功效。

忌

1. 食蔬菜汤

将蔬菜中不少水溶性的维生素都给煮没了，没有什么营养价值。

2. 常吃腌制蔬菜和泡菜

泡菜里面有亚硝酸钠，是公认的致癌物质，这种致癌物质在泡菜最初的几天含量最高，然后逐渐下降。

3. 不适宜的烹调方式

蔬菜应先洗后切、急火快炒、开汤下菜、炒好即食。

小妙招

海鲜＋蔬菜：预防痛风

海鲜是高嘌呤并呈极高酸性的食物，摄入过多会引起代谢紊乱，增加血尿酸浓度，引发痛风。如果吃海鲜时多吃些蔬菜，作为碱性食物的蔬菜就可以中和尿酸浓度，有利于尿酸排出，大大降低患痛风的危险性。

食用豆制品有学问

温馨提示

在有益寿延年功效的 10 种食品中，排在第一位的就是黄豆及黄豆芽，排在第六位的是绿豆和绿豆芽。常吃豆制品的长寿老人中普遍没有高血压、心脏病、动脉硬化等疾病。专家分析，这是因为豆芽中含有大量的抗酸性物质，具有很好的防老化功能，能起到有效的排毒作用。

宜

1. 饮用煮熟的鲜豆浆

饮未煮熟的豆浆会引发恶心、呕吐等中毒症状。

2. 鲜豆浆适宜四季饮用

春秋饮豆浆，滋阴润燥，调和阴阳；夏饮豆浆，消热防暑，生津解渴；冬饮豆浆，祛寒暖胃，滋养进补。

下面是几种日常生活中常见的豆制品。

1. 豆芽

在所有的豆芽中，黄豆芽的营养价值最高。黄豆被称为"豆中之王"，研究证明，黄豆发芽后，胡萝卜素可增加 1~2 倍，维生素 B_2 增加 2~4 倍，维生素 B_{12} 是大豆的 10 倍，维生素 E 是大豆的 2 倍，尼克酸增加 2 倍多，叶酸成倍增加。此外，还有一种叫天门冬氨酸的物质急剧增加，所以人吃豆芽能减少体内乳酸堆积，消除疲劳。我们常吃的绿色大豆芽菜，俗称"豆瓣菜"的，是黑豆的芽，具有很高的药用价值。黑豆有"药王"之称，用它发出的豆芽，有补肾、利尿、消肿、滋阴、壮阳等功效。现代医学证实，它还能降血脂和软化血管。

2. 豆浆

豆浆中几乎含有大豆中的全部营养成分，是一种不比牛奶逊色的饮料。但是，豆浆不宜一次饮用过多，多

则可引起腹胀和胃部不适，严重者还会出现腹泻症状。老年人和小孩的消化能力相对较差，尤其要注意这一点。饮用豆浆最好不要加红糖，红糖容易使豆浆中的蛋白质变性并沉淀，从而不易被消化吸收。此外，饮用豆浆一定要煮透。当豆浆被加热至80℃时，其中的皂素便会受热膨胀而上浮成泡沫，给人一种豆浆已经煮沸的假象。豆浆真正煮沸至少5分钟才能使皂素、胰蛋白酶抑制物等有害物质完全被分解掉。

3. 豆腐

豆腐的营养成分有十几种，比如说氨基酸、矿物质、磷、钙等，这些都对人的健康非常有益。吃豆腐可以防治心血管疾病。豆腐的原料大豆中含有丰富的豆固醇，可以抑制一些胆固醇。女性朋友到了一定年纪，因为雌性激素分泌不足，就会出现更年期综合征。豆腐当中含有大量类黄酮。所以，多吃豆腐可以很好地补充雌性激素。但要记住，因为类黄酮溶于水，因而豆腐在制作过程中会有大量的类黄酮流失。所以，多喝豆浆是保持大豆中类黄酮的好方法。

忌

1. 空腹喝豆浆

　　空腹喝豆浆，豆浆中的蛋白质会转化为热量而被消耗掉，使其营养大打折扣。

2. 饮用过量

　　豆浆中含有大量的蛋白质，若过多饮用，极易引起过食性蛋白质消化不良症，出现腹胀症状。

3. 豆浆与药物同服

　　一些药物（如四环素、红霉素等）不但会破坏豆浆里的营养成分，还会和豆浆中的皂苷、异黄酮等成分结合形成毒素。

4. 痛风患者过多地食用豆腐

　　豆腐中含嘌呤类物质较多，而痛风正是因嘌呤代谢异常造成的。因此，痛风患者不宜过多吃豆腐。

小妙招

鱼＋豆腐：加强钙吸收

鱼和豆腐都是高蛋白食物，但所含的蛋白质和氨基酸组成都不够合理。如豆腐蛋白质缺乏蛋氨酸和赖氨酸，鱼肉蛋白质则缺乏苯丙氨酸，营养学家称之为不完全蛋白质。若将两种食物同吃，就可以取长补短，使蛋白质的组成趋于合理。如鱼头烧豆腐，不仅味道鲜美，而且鱼头内的维生素D可提高人体对豆腐中钙质的吸收利用率。需提示的是，做鱼头烧豆腐或鱼头炖豆腐时，用老豆腐比较好，再放一些蔬菜和香菇，无论风味还是营养都很不错。

有益于中老年人健康的水果

老年人每日适量吃些水果是有益健康的。但由于生理功能较弱，不少老年人或轻或重都患有一些常见的疾病，如高血压、老年性慢性支气管炎、消化不良、便秘、失眠等。因此，应该科学地选择适合自己体质、有利于康复及营养丰富的水果。

宜

1. 吃水果应当适量 每天最多吃 2～3 个，千万不要多吃。

2. 最好吃应季水果 不同的水果食用的季节不同。

3. 水果吃前要冲洗去皮

   农药会浸透果皮并残留在果皮的蜡质中，致使果皮中的农药残留量比果肉中高许多。

4. 适宜空腹吃的水果

   如葡萄、菠萝、苹果、梨、橙子、芒果、李子等，属于平和类的。

下列水果对老年人的健康有益。

1. 苹果

苹果被称为"百果之王"，是一种常见的却极具营养价值的水果。苹果营养丰富，含糖量高，主要是果糖，易吸收利用。苹果中含有苹果酸，可以增加食欲、促进消化，对老年人的消化系统具有很好的保健作用。苹果中含有大量的钾，对老年人易患的高血压等有较好的疗效。另外，苹果又被称为"记忆果"，能够增强记忆，帮助治疗老年人的健忘症。

2. 葡萄

葡萄中除了大量的糖分之外还有很多果酸，能够健胃消食、帮助消化，而且葡萄对于神经衰弱和过度疲劳有一定的缓解作用。葡萄中含有大量的氨基酸和维生素，是滋补佳品。葡萄还可入药，可以补气益血、强身健骨、滋阴润肺，对老年人气血

虚弱、肺虚咳嗽、风湿痹痛等症具有很好的疗效。

3. 荔枝

荔枝有"果中皇后"之美称。荔枝果实多汁、色香味俱佳，为药用和食用两用水果。荔枝果肉性温、味甜，有益气、通神、益智、滋润等作用，可用于治疗淋巴结核、痘疹、贫血和津液不足、胃寒、胃痛、疝气等症，对老年人具有很高的食用和药用价值。

4. 龙眼

龙眼果实内含有乳白色半透明果浆，色泽晶莹、味甜爽口，具有极强的滋补作用，非常适合老年人食用，对更年期妇女失眠、健忘、出汗等症有特效。龙眼肉可以益心、健脾、滋补气血、安神静心，对营养不良、神经衰弱、贫血体弱、病后体虚等症有辅助疗效。

5. 猕猴桃

猕猴桃被誉为"水果之王"。食用猕猴桃及其制品有防癌、治癌的作用，而且具有清热、通淋的功效，常用来治疗食欲不振、消化不良、反胃、黄疸、疝气、痔疮等症。此外，猕猴桃对于体弱消瘦者还具有滋养的功效。

6. 桃

桃是一种常见的水果。桃能止咳平喘，对于老年人慢性支气管炎等症有很好的疗效。桃中含铁丰富，有利于防治缺铁性贫血等症。

7. 梨

梨具有祛痰止咳、降血压、软化血管等功效，对肝脏具有很好的保护作用。常吃梨能够预防老年人动脉硬化等疾病，还有抗癌的作用。此外，梨还可以通便、降压、增进食欲。

8. 橙

橙的果肉中含有大量的维生素 A、维生素 B、维生素 C、维生素 D 以及柠檬酸、苹果酸、果胶等成分，能够化痰、健脾、温胃、助消化、增食欲、降血脂等。多吃橙子还有助于增强皮肤的弹性，减少皱纹。

忌

1.饭后马上吃水果

水果属于生食，其中的有机酸会与其他食物中的矿物质结合，影响身体消化吸收；水果中的果胶有吸收水分、增加胃肠内食物湿润程度的作用，因此饭后吃水果还会加重胃的负担。

2.吃霉变水果

霉变水果中含有一种毒素，具有强烈的毒性。

3.空腹食用水果

空腹时不宜吃的水果有香蕉、柿子、橘子、荔枝、甘蔗等。

9. 枣

枣是补中益气的佳品，具有养血安神、保护肝脏等作用，主要用来治疗脾胃虚弱、气血不足、心悸等症。

10. 山楂

山楂能够调节血脂，在预防动脉硬化、心肌梗死等心血管疾病方面有很好的作用。山楂还可以增强心肌收缩力，减慢心率，降低心肌耗氧量，对心肌缺血有很好的治疗作用，而且山楂具有持久的降压作用。山楂还能促进消化吸收，有健胃消食、增进食欲之效。

小妙招

饭后吃菠萝

如果经常消化不良，饭后可吃点菠萝。菠萝含有特殊蛋白酶，在胃中分解蛋白质，补充人体内消化酶的不足，帮助消化。但不宜空腹食用菠萝，因为其蛋白分解酶会伤害胃壁，有少数人还会有过敏反应。另外，菠萝还含有纤维素，对便秘也有一定效果。

营养丰富的薯类食品

传统观念认为，薯类主要提供碳水化合物，通常把它们与主食相提并论。但是，现在发现薯类除了提供丰富的碳水化合物外，还有较多的膳食纤维、矿物质和维生素，兼有谷物和蔬菜的双重作用。近年来，薯类的营养价值和药用价值逐渐被人们所重视。

1. 马铃薯

马铃薯又叫土豆，既可作为蔬菜，也可作为主食，营养丰富，素有"第二面包"、"第三主食"的美誉。除了淀粉外，马铃薯还含有葡萄糖、果糖、蔗糖等碳水化合物。马铃薯中的蛋白质含量为 0.8% ~ 4.6%，含有人体必需的 8 种氨基酸，以及谷类作物中缺乏的赖氨酸和色氨酸，是植物性蛋白质良好的补充。马铃薯脂肪含量低于 1%，含有丰富的维生素，尤其是维生素 C 和胡萝卜素，是天然抗氧化剂的来源。此外，维生素 B_1、维生素 B_2、维生素 B_6 含量也很丰富。马铃薯块茎中的矿物质含量为 0.4% ~ 1.9%，以钾含量最高，占 2/3 以上。其他无机元素如磷、钙、镁、钠、铁等元素含量较高，在体内代谢后呈碱性，对平衡食物的酸碱度有重要作用。

2. 甘薯

又名红薯、地瓜等，有极高的营养和保健价值。甘薯中蛋白质含量约为 2%，赖氨酸含量丰富。甘薯与米面混吃可发挥蛋白质的互补作用，提高营养价值。

甘薯中含有丰富的维生素，其中胡萝卜素和维生素C的含量丰富，还含有较多的维生素 B_1、维生素 B_2 和烟酸。矿物质中钙、磷、铁等元素含量较多。近年来甘薯叶及甘薯嫩芽已成为人们餐桌上的佳肴。甘薯叶及甘薯嫩芽是营养丰富的保健蔬菜，含有较多的蛋白质、胡萝卜素、维生素 B_2、维生素C、铁和钙。测定发现，甘薯叶与菠菜、韭菜等十四种常食蔬菜相比，蛋白质、胡萝卜素、钙、磷、铁、维生素C等含量均占首位。甘薯叶所含的维生素 B_1、维生素 B_2、维生素 B_6、钙、铁均为菠菜的两倍多，而所含草酸仅为菠菜的一半。因此，美国把甘薯列为非常有开发前景的保健长寿菜之一。香港、法国等地称甘薯叶、尖为"蔬菜皇后"。

宜

1. 适量吃薯类

　　每周吃薯类5~7次，每次50～100克；老年人要注意控制总摄入量。

2. 甘薯最好在午餐吃

　　吃完甘薯后，其所含的钙质需要在人体内经过4～5小时才能被吸收，而下午的日光照射正好可以促进钙的吸收。

小妙招

甘薯配鸡肉：营养互补

　　甘薯含有丰富的淀粉、膳食纤维、胡萝卜素及维生素A、B、C、E等，营养价值很高，被营养学家们称为营养最均衡的保健食品。甘薯的不足之处是缺少蛋白质和脂肪，但鸡肉里面有丰富的蛋白质和脂肪，可以弥补甘薯中的营养空缺，最可贵的是鸡肉中的脂肪含量低，所含的脂肪多为不饱和脂肪酸。所以甘薯与鸡肉搭配，再合适不过了。

忌

1. 过量吃薯类

　　甘薯含一种氧化酶，这种酶容易在人的胃肠道里产生大量的二氧化碳，如果甘薯吃得过多，会使人腹胀、打嗝、放屁。甘薯里含糖量高，吃多了可产生大量胃酸，使人感到"烧心"。

2. 油炸和烤薯类

　　薯类的制作方法非常重要，煮食或做汤，营养吸收好。要避免吃油炸薯条和烤地瓜。

3. 甘薯与柿子同吃

　　甘薯和柿子不宜在短时间内同时食用，应该至少相隔五个小时以上。如果同时食用，甘薯中的糖分在胃内发酵，会使胃酸分泌增多，和柿子中的鞣质、果胶反应而发生沉淀凝聚，产生硬块，量多严重时可使肠胃出血或造成胃溃疡。

中老年人也要食用一些肉类食品

随着年龄的增长，老年人的消化功能逐渐减弱，加上咀嚼功能降低，食用鱼、禽、蛋、瘦肉较少，肥肉摄取较多，容易造成营养不足、血脂增高。鱼、禽、蛋、瘦肉含丰富的蛋白质，其氨基酸组成与人体需要接近，属优质蛋白质；维生素含量较多，特别是脂溶性维生素和B族维生素含量丰富；铁、锌等微量元素含量丰富，消化吸收率也很高，有利于老年人的健康。因此老年人应经常吃些鱼、禽、蛋和瘦肉。

鱼、禽类与畜肉比较，脂肪含量相对较低，不饱和脂肪酸含量较高，特别是鱼类，不仅脂肪含量明显低于畜肉和禽肉，其中海水鱼还含有较多的不饱和脂肪酸，对预防血脂异常和心脑血管疾病等具有重要作用，因此老年人宜将鱼、禽肉作为首选的肉类食品。

猪、牛、羊肉是我国最常吃的畜肉。猪、牛、羊里脊肉中主要营养素含量比较见下表（每100 g可食部分）。

营养素	猪肉（里脊）	牛肉（里脊）	羊肉（里脊）
蛋白质 (g)	20.2	22.2	20.5
脂肪 (g)	7.9	0.9	1.6
多不饱和脂肪酸 (g)	0.9	0	0.2
单不饱和脂肪酸 (g)	3.3	0.4	0.6
饱和脂肪酸 (g)	2.7	0.4	0.7
胆固醇 (mg)	55	63	107
维生素 B_1(mg)	0.47	0.05	0.06
维生素 B_2(mg)	0.12	0.15	0.20

（续表）

营养素	猪肉（里脊）	牛肉（里脊）	羊肉（里脊）
烟酸 (mg)	5.2	7.2	5.8
维生素 E(总)(mg)	0.59	0.80	0.52
钙 (mg)	6	3	8
铁 (mg)	1.5	4.4	2.8
锌 (mg)	2.30	6.92	1.98
硒 （μg）	5.25	2.76	5.53
铜 (mg)	0.16	0.1 1	0.15
锰 (mg)	0.03	—	0.05

（摘自杨月欣《中国食物成分表》）

宜

1. 多选择瘦肉，瘦肉蛋白质含量高。

2. 老年人畜肉、禽肉都要吃，并且最好搭配着吃

其中禽肉可以多吃一点，例如鸡肉、鸭肉等。老年人应该每天吃一点瘦肉，以1~2 两为宜。

小妙招

猪肉 + 大蒜：增加维生素吸收

"吃肉不加蒜，营养减一半"，猪肉中维生素 B_1 的含量比其他肉食含量平均高 9 倍，但此种维生素不稳定，在人体停留时间也短。如果同吃大蒜，大蒜中的蒜素与维生素 B_1 结合，将其水溶性变为脂溶性，就会大大促进人体的吸收与利用。

忌

1. 吃肥肉

肥肉中脂肪含量较高。

2. 肉类 + 茶饮

易产生便秘，茶叶中的鞣酸会与肉类中的蛋白质结合，生成具有收敛性的鞣酸蛋白质，使肠道蠕动变慢，容易造成便秘。

鱼类的选择与食用

温馨提示

> 研究结果表明，每周至少吃一次鲑鱼或鲭鱼，可以减少老年人心脏病发致死可能性的44%；妇女每月吃鱼1～3次，可以减少脑中风发病可能性的7%；每星期吃五次鱼者可以减少脑中风可能性的50%。

鱼的种类繁多，大体上可分为海水鱼和淡水鱼两大类。

1. 海水鱼中含大脑必需的营养

常见的海水鱼有带鱼、黄花鱼、鲍鱼、鱿鱼、沙丁鱼、鲳鱼（平鱼）、鲅鱼、金枪鱼、鲑鱼（三文鱼）等。在海水鱼的肝油和体油中含有一种陆地上的动植物所不具有的高度不饱和脂肪酸，是大脑所必需的营养物质。另外，海水鱼中的 $\Omega-3$ 脂肪酸、牛磺酸等都比淡水鱼要高得多。研究发现，$\Omega-3$ 脂肪酸对缓解脑血管痉挛、恶性偏头痛都有很好的作用，还能提高机体的抗病能力。

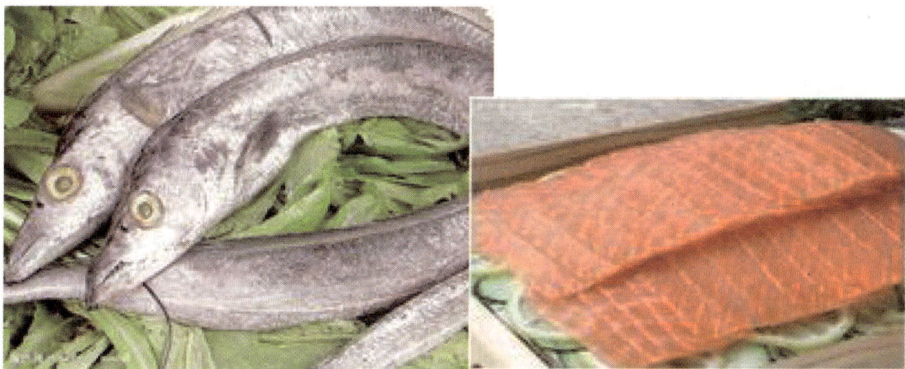

2. 淡水鱼用于食疗比较多

淡水鱼主要有鲤鱼、草鱼、鲫鱼、青鱼、鳝鱼、花鲢鱼（胖头鱼）等。淡水鱼富含蛋白质、维生素 A、维生素 D 及多种矿物质等营养成分。其中，鲤鱼有健脾开胃、利尿消肿、止咳平喘、安胎通乳、清热解毒等功效，鲫鱼适合慢性肾炎、肝硬化所引起的水肿患者食用。

宜

1. 平鱼富含蛋白质及其他多种营养成分，具有益气养血、柔筋利骨之功效。
2. 鱿鱼对肝脏具有解毒、排毒功效，因此有助于缓解疲劳。鱿鱼还有调节血压、保护神经纤维活化细胞的作用。
3. 乌贼俗称墨斗鱼，不但味道鲜美，营养丰富，还具有止血、止痛的功效。
4. 鲍鱼有明目之功效，故有"明目鱼"之称。

忌

1. 过敏性皮肤病患者吃带鱼

带鱼有滋补强壮、和中开胃、补虚润肤之功效。但要注意，一次不宜多食，特别是患有湿疹、荨麻疹等过敏性皮肤病患者要慎食。

2. 痛风病患者吃带鱼

痛风病人应少吃含嘌呤丰富的食品，鱼类中尤以白带鱼的鱼皮含嘌呤特别高。

小妙招

心脏病患者应吃三文鱼

每周吃 80 克三文鱼的人比不吃含 $\Omega-3$ 脂肪酸食品的人患心脏病的概率小一半，所以很多医生建议心脏病患者每周都吃三文鱼，每次吃录音带大小的一块就可以。

坚果的选择与食用

> 老年人身体的各项健康指标在慢慢下降，所以做好老年人的养生保健工作是重中之重，为了让老年人安度晚年，拥有健康的身体是必不可少的。坚果富含维生素E、铜、镁等营养成分，尤其适合老年人食用。老年人吃坚果好处多多，所以营养学家建议每天吃把坚果，更有益健康。坚果有着与众不同的食疗功效。

1. 核桃

核桃堪称抗氧化之"王"。专家建议每周最好吃两三次核桃，尤其中老年人和绝经期妇女更要坚持吃，因为核桃中所含的精氨酸、油酸、抗氧化物质等对保护心血管以及预防冠心病、中风、老年痴呆等症颇有成效。

2. 板栗

板栗对辅助治疗肾虚有益，故又称"肾之果"。板栗含柔软的膳食纤维，糖尿病患者也可以适量品尝。

3. 葵花子

每天吃一把葵花子，就能满足人体一天所需的维生素E。葵花子所含的蛋白质可与各种肉类相媲美。常嗑食葵花子对预防冠心病和中风、降低血压、保护血管弹性有一定的作用。

4. 开心果

开心果可谓"心脏之友"，它主要含单不饱和脂肪酸，所以不像其他坚果那样容易酸败，可降低胆固醇的含量，预防心脏病。

宜

1. 冠心病患者常食杏仁，心绞痛发生的概率要比不食者减少50%。
2. 一次吃10粒开心果相当于吃了1.5克单不饱和脂肪酸。

忌

1. 一次吃得太多会影响消化。曾有食用南瓜子过量而导致头晕的报道；开心果有很高的热量，并且含有较多的脂肪，凡是怕胖的人、血脂高的人应该少吃。

5. 甜杏仁

甜杏仁含有50%的脂肪、25%的蛋白质、10%的碳水化合物及维生素E和钙、镁、硼、钾等元素。

6. 榛子

榛子营养丰富，人体所需的8种氨基酸样样俱全，其含量远远高过核桃。

7. 南瓜子

南瓜子具有杀虫和治疗前列腺疾病的功效，还含有丰富的泛酸，泛酸可以缓解静止性心绞痛，并具有降压的作用。

8. 花生

花生富含优质的蛋白质和脂肪及多种微量营养素。花生中含有大量精氨酸及白藜芦醇，前者有潜在抗结核作用，后者能抑制癌细胞浸润与扩散，因此是结核病人及肿瘤患者适宜的食品。

9. 松子

松子被誉为"长寿果"，所含脂肪大部分为亚油酸、亚麻酸等有益于健康的必需脂肪酸，钙、磷、铁等含量也很丰富，常吃可滋补强身。

花生米+红葡萄酒：预防心脏病

小妙招

红葡萄酒中含有气皮酮与阿司匹林等有益成分，前者属于抗氧化剂，后者有防止血栓的作用，两者结合可使心脏血管畅通无阻，再吃花生米可大大降低心脏病的发病率。

要减少烹调用油量

烹调油中的不饱和脂肪酸含量较高。不饱和脂肪酸极易氧化，在人体内产生过氧化物质，体内过氧化物质增加可促进衰老，过氧化物质被吞噬细胞吞入后，形成泡沫细胞，容易发展成动脉粥样斑。显然，摄入过多烹调油对人体健康不利。因此，老年人宜减少烹调用油量。

1. 花生油

花生油淡黄透明，色泽清亮，气味芬芳，是一种比较容易消化的食用油。花生油含不饱和脂肪酸达 80% 以上 (其中含油酸 41.2%，亚油酸 37.6%)，另外还含有软脂酸、硬脂酸和花生酸等饱和脂肪酸 19.9%。从含量来看，花生油的脂肪酸构成比较好，易于人体消化吸收。

2. 菜子油

菜子油一般呈深黄色或棕色。人体对菜子油的消化吸收率高达 99%，并且有利于胆功能的改善。在肝脏处于患病状态下，菜子油也能被人体正常代谢。不过菜子油中缺少亚油酸等人体必需的脂肪酸，且其中的脂肪酸构成不平衡，所以营养价值比一般植物油低。

3. 芝麻油 (香油)

芝麻油有普通芝麻油和小磨香油，都是以芝麻为原料制取的油品。其脂肪酸中大体含油酸 35.0% ~ 49.4%，亚油酸 37.7% ~ 48.4%，花生酸 0.4% ~ 1.2%。芝麻油的消化吸收率达 98%。芝麻油中不含有对人体有害的成分，含有特别丰富的维生素 E 和比较丰富的亚油酸。经

宜

1. 减少烹调用油量

烹调油中的不饱和脂肪酸含量较高，不饱和脂肪酸极易氧化，在体内产生过氧化物质，体内过氧化物质过多可促进衰老。

2. 植物油和动物油搭配吃为好，以植物油为主，动物油为辅。

3. 合理选用烹调方法

尽可能多用炖、焖、蒸、拌或用猛火快炒等烹调方式。

4. 少选吸油多的食物原料做菜，如茄子、韭菜等。

常食用芝麻油可调节毛细血管的功能，增强组织对氧的吸收能力，改善血液循环，促进性腺发育，延缓衰老。

4. 葵花子油

精炼后的葵花子油呈清亮好看的淡黄色或青黄色，气味芬芳，口味纯正。葵花子油的人体消化率达96.5%，它含有丰富的亚油酸，有显著降低胆固醇、防止血管硬化和预防冠心病的作用。而且亚油酸含量与维生素E含量的比例比较均衡，便于人体吸收利用。所以，葵花子油是营养价值较高、有益于人体健康的优良食用油。

5. 亚麻油

亚麻油又称胡麻油。亚麻油中含饱和脂肪酸9%～11%，油酸13%～29%，亚油酸15%～30%，亚麻油酸44%～61%。亚麻油有一种特殊的气味，食用品质不如花生油、芝麻油及葵花子油。另外，由于含有过高的亚麻油酸，贮藏稳定性和热稳定性均较差，其营养价值也比以亚油酸、油酸为主的食用油低。

6. 大豆油

大豆油的色泽较深，有特殊的豆腥味；热稳定性较差，加热时会产生较多的泡沫；较易氧化变质并产生"豆臭味"。从食用品质看，大豆油不如芝麻油、葵花子油、花生油。

从营养价值看，大豆油中含棕榈酸7%～10%，硬脂酸2%～5%，花生酸1%～3%，油酸22%～30%，亚油酸50%～60%，亚麻油酸5%～9%。大豆油的脂肪酸构成较好，含有丰富的亚油酸，有显著的降低血清

胆固醇含量、预防心血管疾病的功效。大豆油中还含有多量的维生素 E、维生素 D 以及丰富的卵磷脂，对人体健康有益。

7. 橄榄油

橄榄油在生产过程中未经任何化学处理，所含维生素 A、维生素 D、维生素 E 以及不饱和脂肪酸的总量达到 80% 以上。其中油酸占 86%，亚油酸占 1% ~ 5%，花生酸占 0.9%，人体消化吸收率可达到 94% 左右。与谷物油脂相比，它的亚油酸含量较低，维生素 E 的含量也较低。橄榄油中含有一种名叫多酚的抗氧化剂，它可以预防心脏病和癌症，并能与一种名叫角鲨烯的物质聚合，从而减缓结肠癌和皮肤癌细胞的生长。因此，橄榄油的营养价值较高。

小妙招

科学控制烹调用油

1. 每人每天烹调用油摄入量不宜超过 25 克或 30 克；
2. 用煎的方法代替炸的方法也可减少烹调油的摄入；
3. 使用控油壶，把全家每天应该食用的烹调油倒入控油壶，炒菜用油均从控油壶中取用；
4. 坚持家庭定量用油，控制总量；
5. 在外就餐时，少点油炸类食物，如炸鸡腿、炸薯条、炸鸡翅、软炸里脊等；
6. 尽量不用动物性脂肪炒菜。

忌

1. 食用油放在灶台边

炒菜时，灶台周边的温度很高，食用油的油脂长时间受热，很容易分解变质。油脂分解出的亚油酸很容易与空气中的氧发生化学反应，产生诸如醛、酮等有毒物质。受高温影响，食用油中所含的维生素 A、维生素 D、维生素 E 等会被氧化，这不仅使其营养价值降低，长期食用这样的油，可能出现恶心、呕吐、腹泻等症状。

2. 食用放置过久的食用油

食用存放过久的食用油可能会增加患慢性疾病的风险，严重损害健康。

保护好碘盐中的"碘"

有研究表明，每日进食4克以下食盐的人，很少患高血压；每日食盐20克的人，高血压患病率可高达40%。高盐饮食还可以改变血压昼高夜低的变化规律，变成昼高夜也高，发生心脑血管意外的危险性大大增加。

宜

1. 一天的食盐（包括酱油和其他食物中的食盐量）摄入量应低于5克。

2. 多食用高钾低钠的食物，比如马铃薯、黄豆、红心萝卜、白菜苔、冬瓜、黄瓜、柑橘、苹果等。

碘盐由国家统一在食盐中加入碘化钾，以防止人体因缺碘而患甲状腺肿。一般是1000克盐中加5克碘化钾，就可以满足人体的生理需要。在用碘盐烹调菜肴时保护好碘，应注意如下事项：

1. 要贮存好碘盐

商业、供销部门和家庭对碘盐必须做到原包贮存，切忌散放，以防碘挥发殆尽；家庭购买碘盐忌敞口和散放，必须放入加盖容器内贮存，不要接近热源，因为高温也会造成碘的损失。

2. 烧菜忌加盐过早

在烹调食物时，尤其是采用焖、煮、煨、炖等烹调方法时，如果碘盐放入过早，会使碘大量损失。即使是普通盐也需要在快熟时才放，如果放盐过早不但使盐浸入食物内部，造成食盐过多，同时放盐过早会使豆类、肉类等食物难以酥烂。

3. 用碘盐烹制菜肴忌反复加热

在日常生活中，有不少人习惯把隔夜菜回锅加热后再吃，使用碘盐烧出的菜肴，如果反复回锅加热，碘可能会全部挥发掉。最好的办法是坚持当餐吃完，不剩菜，这对摄入碘和保障食品安全都有益。

4. 忌用碘盐爆锅

有人喜欢在炒菜时，先放入盐与油爆锅，这样就会使碘大量损失，而且还会使食油变焦，产生有毒的环状单聚体、二聚体或丙稀醛等，不利于人体健康。

忌

1. 吃咸菜

　　一些老年人每顿离不开咸菜，这样食盐量过多，不利于身体健康。

2. 高血压患者吃盐多

　　食盐可使高血压患者血管硬化程度增加、弹性降低，血压进一步升高。

3. 糖尿病人吃盐过多

　　食盐可刺激淀粉酶消化释放的葡萄糖吸收，影响人体内正常的糖代谢并使胰岛素分泌下降。

小妙招

盐蒸剩饭有奇效

剩饭和新煮的饭，味道迥然不同，要想清除饭"蒸"的气味，可在蒸水里加一小茶匙盐，这样蒸出来的饭和刚煮出来的饭一样好吃。

吃零食有窍门

　　随着年龄的增长，人体内所需要的微量元素的数量也在发生变化。如微量元素硒，一般成年人每日膳食中硒的摄入量约为50微克就可以了，但老年人每日硒的生理需要则为100微克，而这种微量元素硒的不足与低下，正是冠心病、白内障以及某些肿瘤等疾病发生的原因之一。因此，对老年人来说平时常吃些含有硒元素的花生、核桃、葵花子、板栗等零食，对延缓衰老、保持健康有着积极的作用。

宜

1. 应选择营养价值高的零食，如水果、奶制品、坚果等。
2. 选择含营养物质的零食，如杏仁、开心果、榛子等。
3. 选择对机体刺激小，损伤少的食物。

老年人吃零食应有讲究，主要遵循以下原则：

1. 不吃熏烤、油炸的零食

因食品经熏烤、油炸后极易产生有害的物质，对身体健康有害，严重的还会导致中毒或癌变。

2. 不宜多食冷饮类的零食

因寒冷刺激会引起胃肠道血管收缩，减弱消化功能，易诱发胃肠炎等疾患，冷饮对老年人极为不利。

3. 零食数量不宜过多

零食不能像正餐那样，它只是一种补充，因此不可过量，否则也会影响健康。

4. 吃零食掌握好时间

吃零食应在两餐之间或夜间工作、学习之余感到饥饿时，以补充正餐的不足，并以易于消化的零食为宜。

常见老年零食的营养成分（每100克可食部分）

食品	能量	蛋白质	脂肪	碳水化合物	膳食纤维	胆固醇
苏打饼干	1707	0.4	7.7	76.2	/	/
蛋糕	1452	8.6	5.1	67.1	0.54	/
酸奶	301	2.5	2.7	9.3	/	15
苹果	218	0.2	0.2	13.5	1.2	/
西瓜	105	0.6	0.1	5.8	0.3	/
柑橘	213	0.7	0.2	11.9	0.4	/
香蕉	381	1.4	0.2	22.0	1.2	/
猕猴桃	234	0.2	0.6	14.5	2.6	/
梨	184	0.4	0.2	13.3	3.1	/
葡萄	180	0.5	0.2	10.3	0.4	/
花生仁（炒）	2431	23.9	44.4	25.7	4.3	/
核桃	1372	12.8	29.9	6.1	4.3	/
开心果	2570	20.6	53.0	21.9	8.2	/
葵花子（炒）	2577	22.6	52.8	17.3	4.0	/
番茄	79	0.9	0.2	4.0	0.5	/
巧克力	2452	4.3	40.1	53.4	1.2	/

小妙招

吃零食的时间表

在下午3～4点，即午休后进食零食较好；其次是上午9～10点或晚上8～9点，可选择其中一次，或根据需要，在这两个点都可增加一次零食。糖尿病患者只增加1～2次零食即可，肥胖、高血压、高血脂、冠心病和曾经发生心肌梗死的患者，晚上不宜吃零食。

忌

1. 零食的量太多

零食量不宜太多，以免影响正餐的食欲和食量。

2. 能量密度较高的食物

如炸薯片、薯条等油炸食品。熏烤食品、腌渍食品可能含有苯并芘等致癌物质。

3. 常喝碳酸饮料

饮用碳酸饮料会引起牙齿酸蚀症，还可能导致钙的流失，增加患骨质疏松症的风险。

4. 过多摄入含反式脂肪酸的食物

如奶油蛋糕、速溶咖啡、糕点等含氢化油脂的食品，会增加患动脉粥样硬化和冠心病的危险。

如何喝饮品

> 老年人喝饮品，一定要注意"一高"、"四低"、"二适宜"。"一高"，就是高质量的饮料。这类饮料应该含有优质的蛋白、糖类或丰富的维生素和人体必需的矿物质。"四低"，就是低糖、低气、低酒精、低咖啡因。"二适宜"，就是掌握饮料适宜的温度和摄入量。

水是老年人最好的饮品，老年人科学饮水，需注意以下几个方面：

1. 每日饮水量至少 1200 毫升

这是维持机体水平衡的基础量。老年人每日蔬菜水果的摄取量较少，加之摄取的食物减少，蛋白质、脂肪、碳水化合物的代谢水产生的数量也达不到 300 毫升，故老年人的饮水量应根据饮食情况，适当有所增加。每日最少饮水 1200 毫升。

2. 饮用白开水或淡茶水

白开水和淡茶水既方便又安全，饮用豆汤、米汤、菜汤、鲜果汁、牛奶等也是补充水分的好途径。

3. 少量多次饮水

喝水应该少量、多次、随意，每次 200 毫升左右 (1 杯)。不要一次性大量饮水，这样容易加重胃肠负担，稀释胃液，影响消化。

4. 晨起一杯白开水

因为整夜睡眠期间皮肤隐性出汗、呼气或排尿，使机体损失了一

部分水分，故清晨血液变得黏稠。如果起床后饮用一杯白开水，可及时降低血液黏度，增加循环血容量，加快代谢废物排出。

起床后喝淡盐水，这种做法易使盐摄取过多，可以用淡盐水漱口，但不要吞下去。

5. 睡前 1 ~ 2 小时喝水

有利于降低夜间血液黏稠度，睡前排过尿，也不会增加夜尿次数。浓茶或咖啡可能影响睡眠，晚上应避免饮用。

6. 特殊情况下多喝水

在夏季和运动前后要多喝水。如果老年人参加运动，由于运动时体内水分丢失加快，如果不及时补充可导致缺水。尤其在运动强度较大时，要注意运动中水和矿物质同时补充，在运动前、后半小时，应根据需要及时补充适量的水。

宜

1. 饮无糖饮料

平时饮用一些茶水、矿泉水等无糖饮料是比较好的。

2. 一般情况下，牛奶、淡咖啡每日 1 杯，果汁、果茶、矿泉水、啤酒等每次 1 杯，果酒、黄酒等每次半杯，但不要养成天天饮、餐餐饮的习惯。

忌

1. 糖分过高

老年人饮用的饮料含糖量不宜过高，一般在 10% 左右就可以了。

2. 含气多的饮料

老年人尽量避免喝含气多的饮料。老年人胃肠蠕动减慢，较多的气体不能及时排出，可能引发腹胀。

3. 酒精的浓度过高

果酒酒精含量在 10% ~ 15%，不少果酒中还加入了补肾、活血、祛风除湿的中药，对老年人很有益处。

4. 老年人的热饮温度不宜高于 60 ℃，冷饮温度不宜低于 20℃。

小妙招

自制果茶营养多

取去核山楂 1 份，去皮胡萝卜 2 份，煮熟，搅碎，加适量的水和白糖即可。这种果茶营养丰富，经济易行，冬夏皆宜，非常适合老年人饮用。

最好不吸烟

吸烟危害健康已是众所周知的事实，尤其是老年人，更不能抽烟。有些老年人因为从年轻时就有了烟瘾，一直没采取戒烟措施，导致晚年仍有抽烟的习惯，这对健康是非常不利的。

宜

老年人戒烟方法：

1. 回避法

尽量避开刺激抽烟的场合，不备烟、不敬烟，不受烟。

2. 寻找替代办法

做一些技巧游戏，使两只手不闲着，通过刷牙使口腔里产生一种不想吸烟的味道，或者通过令人兴奋的谈话转移注意力。

3. 转移法

"烟瘾"来时，可以把精力分散到其他事情上，如运动、做操、进行深呼吸、搞园艺劳动等。

老年人吸烟可引发如下疾病：

1. 腰背痛

腰背痛是老年人的一种常见病症，发病原因有很多种。吸烟会导致腰背痛，是因为吸烟时，大量有害的物质会伤害骨髓及腰椎间盘。尤其是烟碱被吸入血液会引起椎间盘血管收缩，供血下降。

2. 智力下降

老年人智力下降是很常见的。抽烟的老年人智力衰退的程度是未曾抽烟者或已戒烟者的四倍。

3. 中风

中风的高发人群就是老年人。随着吸烟时间的推移，吸烟量的不断增加，血黏度升高并逐渐达到一定阈值后，机体便处于危机之中，自动调节的能力下降，易导致中风的发生，故吸烟是中风的危险因素。

戒烟的好处：

戒烟 20 分钟后：尼古丁会限制血液的流动，因此随着戒烟后身体里尼古丁含量的降低，全身的循环

系统得到改善，特别是手和脚。

戒烟 8 小时后：血液中的含氧量达到不吸烟时的水平，同时体内一氧化碳的含量减少到一半。

戒烟 24 小时后：体内残留的一氧化碳消失殆尽，肺部开始清除黏液和其他令人讨厌的吸烟残留物。

戒烟 48 小时后：尼古丁全部消除，你会感觉你的味觉和嗅觉开始得到改善。

戒烟 72 小时后：呼吸变得更加轻松，同时你会发现整体精神状态有所改善。

戒烟 3~9 个月后：任何呼吸问题都得到了改善，而且肺部的效率增加了 10%。

戒烟 1 年后：冠心病的超额危险性比继续吸烟者下降一半。

戒烟 5 年后：患心脏病的风险下降到了吸烟前的一半，而患中风的危险与不吸烟者相当。

戒烟 10 年后：患肺癌的几率达到了正常人的一半。

戒烟 15 年后：患心脏病的危险与从不吸烟的人相同。

如果你在 35 岁前戒烟成功，那么你的预期寿命将和正常人一样。

小妙招

心理暗示戒烟法

1. 对周围朋友说："我戒烟了。"让他们做你戒烟的见证人。

2. 看见吸烟的人，便在心里说："傻瓜，你在慢性自杀。"

3. 如果有人递给你烟，你就告诉他你跟人打赌了，若再吸一支烟就得从 15 楼跳下去。

4. 夸奖自己：我真有毅力，连烟都戒了。看来没有我干不成的事。

忌

1. 吃很多的红肉

肉食中含有的饱和脂肪酸和铁具有致癌作用，同时含有大量导致基因突变的化学物质，这些都是引发肺癌的重要原因。因此，吸烟者要少吃红肉，多吃蔬菜。

2. 早晨起来立即吸烟

起床后越早吸烟，将越多的尼古丁和其他毒素吸入肺部，接触致癌化学物质的程度越高。

如何科学地保存食物

不少老年人将电冰箱当成保险箱和方便柜，认为食物放进去就可以保存了，其实这是很危险的。电冰箱冷藏室的温度一般在 0℃～5℃，虽然这一温度对食物有保鲜作用，对大多数细菌也有明显的抑制作用，但并不能杀死细菌，尤其是对大肠杆菌、金黄色葡萄球菌、伤寒杆菌等来说，正是它们繁殖的适宜温度，可造成食物污染和变质。而且一旦将食品拿出冰箱，细菌在室内常温下便会迅速生长、繁殖。

宜

1. 存放时生熟要分开，用保鲜盒或保鲜膜分别装好，避免交叉污染。
2. 烹调后的食物，冷却至室温时方可存放，在室温下存放的时间越长越危险。
3. 从冰箱中取出的食物，要放室内变温后再加热，加热要彻底，加热时间要在 15 分钟以上。

1. 新鲜食物的储存

一般情况下蔬菜的适宜储藏温度在 0℃～10℃。例如黄瓜、苦瓜、豇豆和南瓜等喜温蔬菜，适宜存放在 10℃ 左右的环境中；绝大部分叶菜为喜凉蔬菜，其适宜温度为 0℃～2℃。不过需要注意的是，绿叶蔬菜必须包好放入冰箱，不要贴近冰箱内壁，避免冻伤，储存最好不超过 3 天。豆角、茄子、番茄、青椒之类可以在低温下存放 4~5 天。而土豆、胡萝卜、洋葱、白萝卜、白菜之类可以放长一些，当然最好还是放进冰箱，如果不方便，也可以放在家里阴凉通风的地方。

2. 水果的储存

大部分水果需要放入冰箱的冷藏室。如果要放在室温下，草莓和葡萄等能存放一两天，苹果、柑橘等

能存放一周以上。而一些热带水果，比如香蕉、芒果等不宜放进冰箱。

3. 鱼类和生肉的储存

存放时要事先包装成一次能吃完的数量，放入冷冻室。海鲜类和畜禽肉类尽量隔离，不要散着放。

4. 已经烹调过的熟食的储存

按照食物品种的不同，储存条件也有差异。米饭、馒头、面包等主食，如果只是短时间储存，可以放进冰箱冷藏室。而如果存放时间超过3天，或者希望保持主食柔软的口感，最好放入冷冻室。

肉松类、肉干类和肉脯类，以及火腿肠、罐头等，常温保存即可，开封后尽快食用，没吃完的最好放进冰箱冷藏室。酱卤类肉制品，比如酱肉、卤猪蹄等，需要全程冷藏，冷藏温度在4℃以下。家庭烹调的带肉菜，比如炒肉丝、炖肉等，也需要一直放在冰箱的冷藏室，温度保持在4℃以下。

蔬菜做好后尽量不要留到下一顿。如果一次吃不完，又不舍得丢弃，应在出锅时留出一部分，直接放入冰箱冷藏室保存，可以存放1天。

小妙招

汤羹保存有讲究

汤羹类保存起来最麻烦，而许多人家常常一炖一大锅汤。喝汤的时候要吃多少盛多少，这样没有吃过的汤才更容易保存。如果剩下的汤第二天就吃，可以加盖储存在冰箱冷藏室，置于4℃以下保存。如果要过两天后再吃，就要放入密封盒，放进冷冻室。

忌

以下食物不宜存放在冰箱中：

1. 香蕉

在12℃以下的环境中贮存，会使其表皮发黑腐烂。

2. 鲜荔枝

在0℃以下的环境中放一天，其表皮就会变黑，果肉就会变味。

3. 黄瓜

在冰箱内放3天，表皮会呈水浸状，失去其特有的风味。

4. 西红柿

局部或全部果实会呈水浸状软烂，出现褐色圆斑。

5. 面包

水分会被蒸发掉，面包失去松软的口感，变硬。

6. 青椒

青椒在冰箱中久存，会出现冻"伤"，变黑、变软、变味。

四季饮食要点

老年人一年四季的食谱应有所不同。春季食谱要突出温补阳气类食物的地位；夏季首先要注意补足水分和钠、镁、钾、钙等无机盐，含氮物质以及维生素B、维生素C等；秋季还要注意用饮食调养秋燥症；冬季天气寒冷，是闭藏之令，进食的要点是"保阴潜阳"，即多吃一些敛阳护阴的食物。

宜

1. 春季一般无进补的必要，但体虚乏力、气短懒言、动则出汗者例外。
2. 秋季易出现口感唇焦等"秋燥症"，应选用滋养润燥、益中补气的食品，如银耳、百合等，可起到滋阴、润肺、养胃、生津的作用。
3. 冬季人体容易缺乏维生素，所以要多补充维生素，多吃动物肝脏、牛奶、鸡蛋等。

1. 春季饮食要点

春季是一年之始，万物开始生长的季节，自然界的阳气逐渐由弱转盛，人体内的阳气也开始逐渐提升。阳气的提升使得肝气得以疏泄，气血趋向体表，体内郁积了一个冬季的内热也得以散发出来，因此人体的肠胃比较容易生痰生热。而且春季容易患伤风和流行性传染病。

老年人在饮食上，宜选用甘、辛、温之品，清淡可口，多选用既利于生发又富营养之品，如黄豆芽、绿豆芽、葱、蒜、香菜、蜂蜜之类。由于冬季新鲜蔬菜较少，摄入的维生素不足，聚积一冬的内热要散发出去，所以还要多吃些新鲜蔬菜，如春笋、菠菜等。对于体质过敏，

易患花粉过敏、荨麻疹、皮肤病者，应禁食含异性蛋白的刺激性食物，如羊肉、蟹之类。

2.夏季饮食要点

食物要以温、软、清淡为宜，不可过多地吃冷、肥、腻的食品，不可饮食过量。老年人夏天三餐以清淡素食为主（可适量吃些鱼），及时饮水以补充水分。绿茶、牛奶、豆浆、蜂蜜、果汁等均可适量饮用。蔬菜能生吃就尽量生吃，这样可以最大限度地保留菜里的营养成分。细粮与粗粮要适当地搭配着吃，一个星期应吃三餐粗粮。荤食与蔬菜配制合理，夏天应以青菜、瓜类、豆类等蔬菜为主，辅以肉类食物，以猪瘦肉、鸡肉、鱼虾为好；要按时进餐，少吃生冷食物。

3. 秋季饮食要点

秋季为人体最适宜进补的季节。秋季进补应选用"防燥不腻"的平补之品。具有这类作用的食物有茭白、南瓜、莲子、桂圆、黑芝麻、红枣、核桃等。患有脾胃虚弱、消化不良的人，可以服食具有健脾补胃的莲子、山药、扁豆等。蔬菜可吃些大白菜、胡萝卜、大萝卜、绿豆芽、黄豆芽、藕、西红柿、韭黄等，水果可吃些苹果、香蕉、梨等，还可以吃些海产品及豆制品等，有助于增加人体的维生素、矿物质及纤维素，对于维持生理机能的正常代谢、改善血液循环、调理神经的生理机能都是有益的。

4. 冬季饮食要点

冬季天寒，阴盛阳衰，注意补肾益精。

忌

1.春季吃油腻、生冷、黏硬食物

这些食物不宜在春季食用。

2.吃腐烂变质食品

由于老年人胃肠功能弱，夏季饮食一定要讲究卫生，不可吃腐烂变质食品，冰箱内的食物必须经高温加热后方可食用。

3.冬季吃太多的生冷食物

冬季寒冷，老年人要注意，不要吃太多生冷食物，否则容易伤胃且影响消化吸收。

老年人冬天可以多吃羊肉、鸡肉等热性食物，也可用人参、鹿茸、山药等补药适当进补。老年人血液循环比较慢，血流量减少，容易使体内缺铁，应该多吃含铁量较高的食物，如瘦肉、鱼、芹菜、菠菜等。

小妙招

简易黄瓜泡菜

　　把黄瓜用刀背拍一拍，切成条状，用盐搓一搓，洗净，再加点酱油、麻油、糖、辣椒、蒜末，和一和，就是一道好吃的黄瓜泡菜了，夏天放在冰箱凉一凉，更好吃哦！

开心购物篇

如何选购食物

温馨提示

老年食品需要达到以下三个标准：提供所需营养、符合老年人的口味、有助于调节生理机能。目前，我国老年食品最突出的问题是品种单一，90% 以上的老年食品都是冲调、糊粉类的食品，此外，还有少量的老人面包、饼干和老人蜂蜜，但这些食品从配方、口味等方面都未必适合老年人。

宜

1. 尽量买天然的

现在超市有卖现磨的芝麻粉、核桃粉等，其中没有"添加剂"，老年人可以酌情买一些。未经加工的燕麦片，也比速溶麦片的营养丰富。

2. 无糖食品的标签要看仔细

看看是否有其他甜味剂"鱼目混珠"，即便是无糖食品，吃时也要控制量。

3. 点心要买少油的

注意观察包装纸，如果有明显油渍，证明含油肯定不少，不宜购买。

对于目前市场上现有食品的选购，专家给出了以下四点选购建议：

1. 新鲜食物购买法

牛肉：红色柔软、不要湿答答的，湿湿的表示灌过水。

猪肉：淡红鲜艳、有弹性。

鸡鸭：刀口鲜红、皮上有粒状毛孔。

鱼：眼睛发亮、没有出血、混浊或内凹，鱼鳃鲜红，鱼身有弹性，鱼鳞完整。

虾：虾身坚硬光亮、头和身体连在一起，没有黑变、没有白斑，白斑为漂白剂。

蛋：蛋壳粗糙、干净、个儿大。

2. 如何购买干货

香菇：肉厚、香味浓。

虾米：粒大、色红。

海带：选肉厚者。

栗子：不要有蛀洞。

腊肠腊肉：不要太红、要干净。有冷藏及标有食用日期的较好。

海蜇皮：海蜇皮要防假，真货大小不均，假货大小厚薄一致。

3. 水果的选购法

橘子：挑较重且皮薄的，重的汁多。

葡萄：挑色泽深、果粒大且均匀，没有烂果的。

香蕉：挑鲜黄、没有碰撞的。

梨：挑较重、皮质光滑且没有碰撞的。

苹果：挑没有碰撞、爪深而且弹起来砰砰响的。

西瓜：挑较重、弹起来有一种砰砰声，而且绿纹少的，绿纹少籽也少。

木瓜：挑果型长、橘红、没有烂果的。

4. 如何购买罐头食物

购买罐头时，要先看看罐头外形，有没有生锈、罐盖有没有鼓起，要是有，千万不要购买。

看生产日期和食用期限有没有过期，过期的不要买。看添加成分，要是添加成分不确定的，也不要购买。

忌

1. 冷冻食品的保险期

冷冻食物非常方便，选购时，首先要注意生产日期，以三个月为限。选择制造厂商名称、地址及食品成分有明确标示者，且冷冻柜的温度以−18℃为宜。

2. 选购时，先看看包装是否有破裂或变形，最好是经过真空处理的包装。用手按按，是否非常坚硬。非常坚硬表示完全冷冻，可确保食用卫生。

小妙招

避免买到掺有漂白剂的食品

漂白剂有二氧化硫、过氧化氢及荧光增白剂等，金针菇、酸笋、米粉及蜜饯掺有二氧化硫。其中蜜饯漂白之后还要再染色。面肠、脆丸等掺有过氧化氢。增白剂常掺入小鱼干中。所以选购上述食品时，千万不要挑选洁白的，以防把漂白剂吃下肚。

如何选择护肤品

人到老年，往往忽略对皮肤的护理，无奈地看着皱纹爬满额头。虽说"没有皱纹的祖母是可怕的"，但老年人注意皮肤的保养和护理，不仅可以延缓皮肤衰老，更可以形成一种优雅从容的姿态。老年人护肤重点在于增强皮肤的弹性，保持皮肤的水分，花粉、珍珠、人参、维生素类护肤品比较适合老年人使用。

1. 老年人皮肤的特点是：弹性降低且很敏感

人过中年，皮肤开始萎缩，60岁以后皮肤在形态和功能上衰老得更明显，最普遍的表现就是皮肤变薄，弹性降低，皮肤皱褶增多、加深，色素斑频繁出现，有的老年人甚至还会出现皮薄如纸的现象。此外，老年人的皮肤比年轻人更敏感，还特别容易发痒。因此，老年人皮肤的保养跟年轻人很不一样。

2. 老年人护肤品旨在增加弹性

对于老年人来说，皮肤是干性还是油性已经不重要了，补充皮肤的营养，让皮肤不干燥、有弹性才是主要目的。珍珠类护肤品是一种比较常见的适合中老年人的护肤品，这类护肤品中添加了珍珠粉等成分，珍珠中含有丰富的微量元素和营养成分，能促进组织再生，起到护肤、抗衰老的作用。同样，花粉类、人参类护肤品等，都是在护肤品中加入相应的营养成分，这些成分都对滋润和保养皮肤有着不错的作用。

3. 温水清洁，避免刺激

老年人清洁皮肤宜用温水，合适的水温是 18℃ ~ 30℃。将洗面乳或中性洗面皂在手掌中搓成泡沫再抹，不能长时间搓揉，要尽快用水冲掉。

另外，老年人在早晚洗脸后还可经常按摩面部皮肤，因为正确的按摩，能促进血液循环，加快皮肤的新陈代谢，进而增加皮肤的光润度。按摩的时候，力量要轻柔，按摩前额从中央向两侧按，上、下口唇周围从中央向两侧下颌按摩，上、下眼眶从内侧向外侧按摩等。一般每次 5 ~ 10 分钟。

宜

1. 老年人护肤，既要简单，又要注意健康问题。
2. 要防止各种刺激。尽量不用或少用刺激性护肤品。
3. 老年人选择护肤品，要选择营养型的。

忌

1. 风吹、日晒

千万别忘了每天涂抹防晒指数为 15 的防晒霜。
2. 吃刺激皮肤的食物

少抽烟，少喝酒，少喝浓茶、咖啡等，以避免皮肤瘙痒。

小妙招

自己做脸部保养

1. 清洁

一个星期可以用天然磨砂粉，轻磨一两次，以磨去表面死皮，促进新陈代谢。

2. 按摩

可天天按摩，也可一个星期做个一两次，用按摩霜按摩 15 ~ 30 分钟，按摩完后，擦去按摩霜。

3. 蒸脸

购买蒸脸器及蒸脸水，在按摩过后蒸 15 分钟脸，将毛孔里的污垢蒸出，然后轻轻吸干，拍上一层化妆水，准备敷脸。

4. 敷脸

自己调制面膜，可以用面粉、橄榄油、柠檬汁、小黄瓜汁、蛋黄等，依自己皮肤来调制。敷完脸，擦上化妆水、营养霜就大功告成了。

如何选择衣物

随着生活水平的提高，老年人也向往着时尚和现代。因此，老年人可以选择一些大花图案的衣服以增加活力。通常，老年人穿着一些颜色跳跃、花色丰富的衣服并配以黄金、翡翠等饰品，这样搭配起来会让人显得特别精神。

宜

1.为了遮掩腹部赘肉，适合穿下摆露在裤、裙外面，或是稍微有腰身但下摆展开的上衣。

2.为了修饰粗腰宽臀，可以穿下摆展开的八片裙或鱼尾裙等。穿稍微宽松的直筒长裤也是不错的选择。

1.老年人服装造型要符合身份

总的要求是服装要显出老年人端庄大方、谦逊含蓄的气质，有助于展现老年人长者的气质和风度，体现一种成熟美。

2.老年人服装款式要简洁明快

服装款式合理、质朴，和老年人的身份、体形、性格相符。以颜色偏深为宜。下装色彩可深一些，除了常用的黑、灰、白单色调外，淡紫、淡红、淡墨绿、奶黄、淡咖啡之类颜色都是可以选择的。老年人衣服色彩要适当变换，不要总是穿一种色调的服装，可同时在大面积的素色背景上点缀一些小花等图案。

3.老年人服装的面料要柔软，以棉布为佳

化纤类的布料由于静电作用以及易脏等因素，不宜做直接接触皮肤的内衣使用。内衣、内裤一般应选择纯棉布料，穿着时会感到柔软、舒适，行动也方便。

4. 老年人要注意穿衣艺术，强调个性化

要根据身材的高矮、胖瘦，脸型的长圆、尖方，脖子的粗细、长短来选择服装。身材高大的老年人，色调宜用深色、单色；身材矮小的老年人以上下一色为宜，这样能显得身材修长，或上浅下深，鞋袜最好同一颜色。妇女穿衣裙套装时，上衣宜刚及腰，裙子长度以到小腿肚稍下为宜。瘦小的老年人宜穿浅色淡雅的服装，不宜着紧身衣，肥胖的老年人亦不宜穿紧身衣，而以宽松为好。

5. 老年人选择鞋、帽不仅要注意美观，更要注意是否有助于健康

在各种材料制成的鞋类中，最适合老年人穿的是我国传统的布底、布帮的布鞋。这是因为布鞋具有保暖、透气、防滑、舒适4大特点。至于皮鞋、胶鞋、塑料鞋也可穿，但要根据特殊需要来选择。

忌

1. 衣料过柔

衣着的质料不要太柔软，不然贴在身上，显得更肥胖。颜色的搭配，不要太花哨，最好上下身只有一件是花色的。

2. 衣服过紧

男性衣服不要穿得太紧，由于腰围多较臀围大，所以吊个吊带也不错。打褶西装裤很适合老年人，打的褶不要太深，且裤管不要太宽。平常可穿套宽宽松松的休闲装。

小妙招

判断衣料成分的妙招——燃烧法

1. 羊毛料
能够迅速燃烧，有刺鼻的臭味，且会留下硬块状灰烬。

2. 亚麻、棉
燃烧时的气味和羊毛燃烧味道不同，会留下灰色、细软的灰烬。

3. 蚕丝
能迅速燃烧，很臭，燃烧以后的灰烬易碎。

4. 人造丝
容易着火，燃烧得很快，火焰为橘黄色，而且不留下灰烬。

5. 尼龙
较不容易着火，碰到火焰立刻收缩、卷曲，也是先熔化后燃烧，发出尖端呈浅黄、底部是蓝色的火焰，燃烧以后留下淡褐色或是灰色的小圆珠。

如何选择居住环境

虽然我国目前已初步形成了家庭养老、社区养老、机构养老为主的养老格局，但是不能完全满足群众的养老需求。在城市周边选择适于养老的地域，建设服务完善的老年宜居社区，让老年人自愿移居于此安度晚年。这种养老方式可促进养老服务专业化、规范化。

宜

1. 家具摆放靠墙

老年人卧室的布局应是陈列式的，家具的造型不宜复杂，以简洁实用为主；家具要尽量靠墙放置，以免造成室内通行的不便。

2. 窗帘可选用提花布、织锦布等，厚重、素雅的质地和图案能体现出老年人成熟、稳重的长者风范。此外，厚重的窗帘带来稳定的睡眠环境，对于老年人的身体大有好处。

3. 老年人可在卧室内挂上书画，摆放自己喜欢的饰品，摆上舒适的安乐椅、躺椅、藤榻等。

1. 远离嘈杂的环境

现代社会中，人与人的交往增多，聚会、比赛、人流如潮的大商场、高朋满座的酒楼饭店等场合，谈话声、吵闹声、呼喊声构成一个嘈杂的环境。处在这种环境中，老年人很容易出现烦躁、胸闷、心跳加快、呼吸困难、出汗等症状，严重者还会使血管收缩、血压升高，引发各种心血管系统疾病。因此，老年人最好不要在人群过于密集的地方长时间停留。

2. 居住环境不宜太安静

老年人不宜久居在嘈杂的环境里，但是，太安静的环境同样不利于老年人的健康。尤其是在白天，如果环境过于安静，容易使人产生不安全感、孤独感，甚至恐惧感，也会导致心跳加快、血压升高等症状。老年人的住处不宜

过大，周围最好有邻居相伴，家中只有一个人时不妨打开收音机、电视机等，人为地制造一些响声来做伴。

3. 色彩纷杂损害健康

老年人由于视力下降，常有不同程度的白内障、老花眼等眼疾，对色彩的快速辨识能力下降，如果长时间处于五颜六色的环境中，容易判断失误，发生跌倒，引起扭伤、骨折。因此，老年人的房间布置要质朴自然，不能装饰得五颜六色，色彩炫目的环境也会让人心烦意乱，影响健康。

4. 多晒太阳可防生病

日光可刺激神经末梢，调节神经系统，促进血液循环，加速新陈代谢，调整心血管及呼吸系统的功能，进而提高机体的抗病能力。因此，晒太阳也可以作为某些慢性病的自然康复法之一，称之为"日光疗法"。

5. 居室的朝向

一个家庭如果有几间不同朝向的居室，老年人的居室应该安排在朝南的房间。这样，冬季能晒太阳，去潮驱寒，室内光线明亮，也暖和，夏季则能吹进凉风。冬暖夏凉，对老年人的健康十分有利。

6. 合理采光

春、秋、冬季晒太阳的最佳时间是上午 8～11 时，下午 2～4 时，夏季不宜在烈日下暴晒。应该选择在安

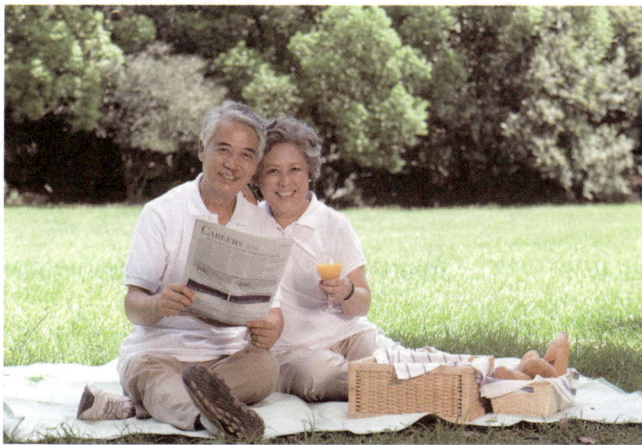

忌

1. 色彩过亮

在配饰上最好要表现出亲近祥和的意境，色彩忌用红、橙、黄等易使人兴奋和激动的颜色，而应选用高雅宁静的色调。

2. 家具过高

老年人多半腿脚不够灵便，爬上爬下很不容易，柜子过高一定会给老年人带来生活上的不便，不妨试着多设一些矮柜。

静、无风的环境中，眼睛不宜受阳光的刺激。空腹及饭后不可立即晒太阳。

7. 经常开窗通风

室内的新鲜空气中含氧21%左右，含二氧化碳0.5%左右。人在心平气和时，每秒钟呼出二氧化碳4毫升，吸入氧气5毫升。如果在10平方米的房间内，2~3人看书学习，2.5~3小时后，室内温度将上升2℃左右，二氧化碳增加2倍左右，灰尘里增加近千倍，还有20多种不利于健康的物质存在。长期处在这样污浊的空气环境下，老年人易出现头晕目眩、胸闷心烦等症状，经常开窗使空气流通，有益健康。

小妙招

夜间照明和色彩选择有讲究：明亮、柔和

根据老年人心理和生理的特点，老年人的卧房应尽量安排在朝阳的房间。老年人喜阳，因此，应让老年人有更多的时间和机会享受阳光。随着年龄的增长，老年人夜间如厕的次数会有所增加，再加上老年人视力有所衰退，因此老年人房间的灯光设计，特别是夜间照明，是不容忽视的。

老年人的视觉系统不喜欢受到过强的刺激，所以老年人房间的配色以柔和淡雅的同色系配置为佳，也可采用全面配套凝重沉稳的天然材质。选择家具时，色彩注意不要用过于沉闷、冷静的色彩，如灰、蓝、黑等，易产生抑郁的气氛；也不可采用过于明艳活泼的色彩，因为它容易使人躁动不安。

如何选择保健品

老年人是保健品最大的消费群体，但在各种广告的轰炸和误导下，老年人越来越把保健品当成药品，从而出现疾病得不到及时治疗的情况，其实包括保健食品在内的保健品不是药品，最多是一种功能性食品，无法替代药品而达到治疗作用。

所以，有必要提醒老年人，在购买保健品的时候要多留一些心眼。

1. 新鲜蔬菜水果是最廉价的保健食品

新鲜蔬菜水果本身就是很好的保健食品，含有大量保健因子，如具有疏通血管及抗癌效果的"类黄酮"物质、解毒通便的果胶物质、降低血清胆固醇的"植物甾醇"等。然而，此类食物中的保健因子含量较低，希望通过食用蔬菜来达到一定的预防效果，有时还不太容易。因此，老年人选购保健食品时，可以在市场上购买一些从果蔬中提取的保健食品，如茶多酚、葡萄籽提取物(也含多酚)等。

2. 可以食用一些含有"高度不饱和脂肪酸"的食品

如深海鱼油。现代研究表明，深海鱼油的DHA和EPA对延缓衰老、改善大脑记忆以及预防心血管疾病等都有一定的作用。然而，选用此类保健食品时要注意看一下它的生产日期及生产厂家。市场上的保健食品"卵磷脂"，也是一种较新的产品，对老年人的许多疾患都有一定的预防效果。

那么，购买保健品时需要注意哪些问题呢？

宜

1.一定要看清保健食品标志

正规的保健食品会在产品的外包装盒上标出天蓝色的、形如"蓝帽子"的保健食品专用标志。下方会标注出该保健食品的批准文号。

2.看清产品标注的适宜人群和不适宜人群

特别是年老体弱的老年人、常年患有慢性病的病人要谨慎选择保健食品。

3.看清保健食品的保健功能

目前，国家批准的保健食品功能有：增强免疫力、辅助降血脂、辅助降血糖、抗氧化、辅助改善记忆、缓解视疲劳等共计27种。

1.注意保健食品和药品的区别

保健食品是指具有特定保健功能，适宜特定人群食用，具有调节机体功能，不以治疗疾病为目的的食品。保健食品除具有营养性、安全性、感官特性等一般食品的共性外，还至少具有调节人体机能的某一种功能作用，如调节免疫力、调节血脂等。保健食品是不以治疗疾病为目的的食品，保健食品也只能针对性地调节人体的某些生理功能，根本不能取代药物对人体疾病的治疗作用。因而，购买保健食品的时候不要走入这个误区。

2.拒绝购买假冒伪劣产品

建议在选购时，一定要查看产品包装上的食品名称、配料表、功效成分和营养成分表、保健功能、净含量及固体物含量、制造者名称和地址、生产日期、保质期或保存期、储藏方法（条件）、适宜人群及食用方法、产品标准号、保健食品标志和审批文号，切不可购买那些"三无"产品以及超过保质期的产品。

3.因人而异选购保健食品

既然保健食品的保健作用在于调节人体中的一种或几种机能，那么，就有个"对号入座"的问题，比如有人免疫力差、有人骨质疏松、有人易疲劳、有人血糖高、有人肠胃功能差、有人血脂高等。不管是馈赠他人还是自己食用，必须根据实际需要选购。那些不需要调节某种功能的人食用该功能的保健食品，不仅没有必要，还可能有损身体健康。

小妙招

如何购买维生素

　　选购维生素，要先看清楚包装盒上的指示，及是否印有建议服用量。不须选购名牌，或进口维生素，它们通常较贵，而且国内维生素制造水准已经和外国不相上下了。要注意包装盒上的有效日期。除了维生素E是天然的比较好吸收外，其他的可以买人工合成的。维生素C每日可摄取250～500单位，不过从经济角度来看，还是吃一颗综合维生素，另外再吃一颗维生素C比较划算，因为维生素C便宜得多。老年人及素食者应该注意摄取足够的维生素B。

忌

1. 在未经管理部门许可的场所购买保健食品

　　尽量不要参加任何以产品销售为目的的健康知识讲座、专家报告等；不要通过会议销售、电话销售、免费试用等活动购买保健食品，以免上当受骗，甚至危害健康。

2. 以价格来衡量保健食品效果的强弱

　　因为产品剂量、添加物质和品牌的不同，价格也不一样。老年人不要盲目地认为价格高的产品就一定好。

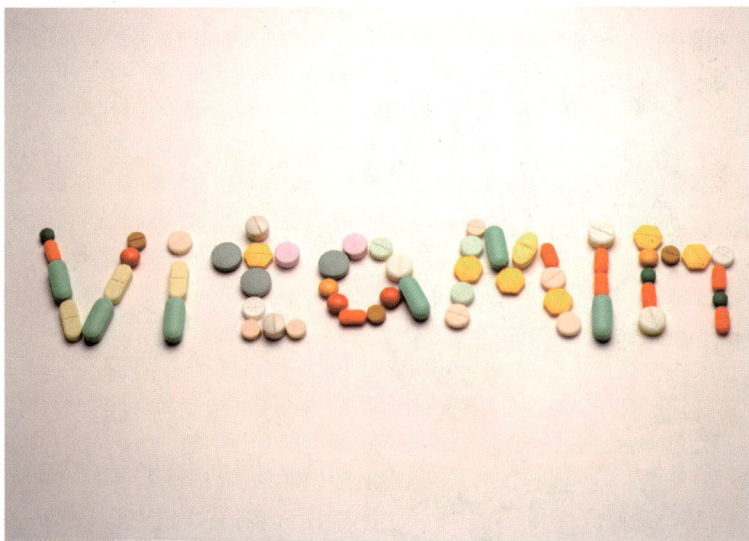

如何选择理财产品

　　老年人积蓄的往往是"养命钱"，理财首要的要求是有稳定的收益。只要能够跑赢 CPI(居民消费价格)，就是老年人理财的成功。老年人理财要克服急于求成的浮躁心理，做好产品配置，在确保不影响基本生活的前提下，适当配置一些稳健型的而收益高于银行存款的理财产品，以期获得安全又稍高的投资收益。

适合老年人投资的理财品种：

1. 国债

　　国债信誉等级最高，收益也高于同期储蓄，是抗风险能力弱的老年投资者的首选产品。

2. 保本式基金、货币基金

　　保本式基金和货币基金比较受稳健型投资者的欢迎。保本式基金到期后至少本金无忧，同时如果基金运作成功，投资者还可以部分分享股市上涨的收益。货币基金与一年期

的定期储蓄存款相比，平均收益率通常稍高，流动性远高于存款，可随时取用，且无申购和赎回的费用。

3. 黄金

黄金不仅能投资保值，其规避风险的功能是其他投资品种无法取代的。对老年人来说，最好是持有实物黄金。比如"如意金"，许多老年人不仅将其当做抵御通货膨胀的利器，也作为镇家之宝代代相传。

4. 理财产品

目前，市场上的理财产品大多是以国债、金融债、央行票据、同业存款、货币基金等为投资渠道，收益稳定，安全性较高，比较适合金融专业知识较少、抗风险能力较弱的老年人。

5. 开放式基金

目前，市面上的基金多为股票型基金，一般说来，股票型基金的获利性较高，但相对来说投资的风险较大。混合型基金同时投资于股票和债券，仓位可随势灵活调整，风险低于股票型基金。

宜

1. 不要轻信他人

老年人通常一方面"耳根子比较软"，一方面对社会上的新鲜事物不是特别了解，因此一旦碰上"高科技"、"新潮流"的东西，特别容易被骗。

2. 不要忌讳立遗嘱

很多老年人忌讳在生前，特别是在身体健康、神志清醒的时候立遗嘱。其实，用心立一份合理的遗嘱，对本人和家人都是一件好事，可以避免不必要的纷争。

3. 避免无计划消费

进入老年后，老年人的支出会有很大变化，应及时进行合理的调整。但不要在消费方面因小失大，例如不舍得买水果、蔬菜等食物，造成营养不良，增加医药费支出，得不偿失。

忌

1. 押上毕生积蓄投资

老年人可以把基金、股票、债券等理财工具作为理财"菜篮子"中的一员，切忌押上毕生积蓄只投资于一类产品。

2. 盲目为他人担保

不要轻易给别人签署任何文件，也不要把自己的金融资产凭据、有价证券等借给别人使用，无论那人用于什么途径。

3. 保险买太多

在购买保险时，应充分认识自己或家庭的最大风险是什么。要买保险就要有效投保，保费花在刀刃上。

4. 贪图高利

"世上没有免费的午餐"，也没有只赢不输的投资。如果太贪心，很容易遭受损失。因此，老年人在私人借贷、个人投资等方面，一定要时刻提醒自己，不要追求过高的收益，免得翻船。

小妙招

资产巧配置

合理地配置资产是理财的关键。建议您：结合长、中、短期产品，均衡配置资产。可将资产比例配置为30%～40%的长期产品、40%的中期产品和20%～30%的短期产品。而以退休金为主要收入的老年人，可根据自身情况，适当增加中、短期产品配置，减少长期产品的配置；并且，尽量少配置或不配置股票、股票型基金等高风险产品。

要警惕购物陷阱

老年人购物一定要谨慎。许多老年人有这样的体验：一进商场大门，迎面就能撞上一大堆"好事"，不是打折就是馈赠，要不然就是买几送几，或是买多少钱的商品返给您多少钱的购物券。商家费尽心机地告诉您：有大便宜正等着您捡，不捡白不捡。等冷静下来时，您才明白这不过是商家设下的一个个温柔的陷阱，让您欲罢不能。

老年人购物时要注意如下事项：

1. 切勿轻信药品、保健品的宣传，做理性的消费者

经营者通常使用集会式推销或者上门推销的方式，宣传所经营的特效药品或保健食品、保健用品，多为治疗疑难杂症，有所谓见效快、治愈率高等绝对性的功效。

2. 核对销售企业、生产企业的有关信息

必要时可以上网查询相关信息，了解是否已经有消费者上当受骗。

3. 付款时最好要有人陪伴，并索取正规发票

一旦发现上当受骗，要保留好有关的凭证，及时向相关部门反映。

4. 到正规购物场所购买

老年朋友购买药品、保健食品、医疗器械，要认准药品、保健食品或医疗器械的批准文号，如果没有批准文号，就不要购买。购买地点最好在医院、药房、超市，切忌在流动摊点、讲座现场、体验现场、展销会场等场合购买，也尽量不要选择邮购、电话购物的方式。

宜

1. 网上购物省力又方便

网上购物品种多，信息全，已成为许多老年人的时尚活动。但是，网上购物要注意多看，慎选，多看评价和信用等级，不要轻易付款。

2. 早市购物要"四防"

防上当受骗，防丢三落四，防慌中出错，防被掏腰包。

忌

1. 购买送上门的便宜货

有人上门推销"既便宜又实惠"的产品时，您一定要注意，这些送上门来的产品并不是像他们说的那么好，尽量不要购买。

2. 路上遇到"大便宜"

有的老年人在路上遇到一些可以赚钱的"好事"，就轻易相信了，拿出了自己的钱。其实，已掉入陷阱。

小妙招

百货公司打折购物

进口品牌，五折已接近成本，喜欢名牌的人可以购买。尽量不要挑选太流行的服饰，样式以简单大方为主。也可以在打折时买一些装饰配件，让旧衣服穿出不同的感觉。一般都会有内部特卖，不过眼睛要睁亮些，不要因为是打折的衣物，就拼命地买一些穿都不想穿的衣服。

安全防护篇

如何防骗

10万元买回的抗癌药竟是感冒胶囊，8万元换得的外币竟然是一堆废纸……据警方统计，近年来，诈骗案并不鲜见，而作案对象主要选择信息相对闭塞、有迷信思想、心地善良或容易起贪念的妇女和老年人。老年人应多了解社会上的不良现象，拓宽自己的视野，更新日常知识，学习一些理财常识，提高自己的防骗能力。

宜

1. 内去痴心

骗子行骗的手段并不高明，可是还有人上当，骗子就是利用了他们有求财、去病、出名等痴心。

2. 外防老千

如今，眼见也不一定为实。找人为托儿，几个串通起来演戏诱骗您上当。

3. 推迟决断

骗子总是急着让您掏钱，这时候您别着急，冷静一段时间。

4. 推迟支付

您若真想买，不要紧，就说没带那么多钱，先支付一部分。这个时候，您就能看出骗子的狐狸尾巴。他绝对不会让您占了便宜把东西拿走。

家庭防骗的要诀在于对送上门的"好处"保持应有的警惕，尤其是老年人很容易上当受骗。下面给您介绍几个防骗招数：

1. 对自己不认识的、找上门来的家庭成员的关系人，切不可轻易相信

要认真了解来人身份，索要家庭成员亲笔信件，或向家庭成员单位进行核对，以确定家庭成员是否在外遇到困难或伤害。假如您没办法了解情况，那千万别让来人捎钱带物。

2. 对上门推销的产品，不要轻易购买

上门推销的产品不能轻易购买，对其所宣传的功能也不能相信。

3. 对上门"化缘"的不要轻信

即使真是僧人"化缘"，您又有意捐款，也不要将大量钱款交其带走，应通过正规渠道联系捐款。

4. 对上门以"贵重物品"抵押，借钱"救急"的人更不能相信

可以直接告诉他："我对你的抵押品没有鉴定能力，你到典当行去吧！"需要注意的是，即使您有一定的鉴定能力，确定抵押品是真货，也不能收下抵押品付钱给对方，因为您无法确认抵押品的来源，万一是偷盗而来的呢？

所以，在遇到上述情况时，老年人应做到以下几点：

首先，面对形形色色的骗术，一定要保持清醒的头脑，不贪图小利，牢记"世上没有免费的午餐"。

其次，平时多关注新闻媒体、社区内黑板报、宣传栏、标语等宣传媒介，了解各类诈骗手法，提高警惕，加强对诈骗伎俩的识别能力。

再次，看见类似诈骗行为要立即拨打"110"报警，让公安机关在第一时间掌握线索，打击违法犯罪行为。

忌

1. 独来独往

老年人出门购物时最好跟朋友一起，不要独来独往，这样容易给骗子可乘之机。

2. 实话实说

有人跟您搭讪时，老年朋友不要把自己家里的实际情况实话实话，防止被骗子盯上。

小妙招

老年人刷卡防骗有妙招

1. 设置：卡片密码

在拿到银行卡时，首先要设置密码交易，并防止密码外泄。特别注意的是，如使用座机拨打银行电话，并输入卡号、密码时，应在挂机后任意拨打几个号码，避免后来者通过"重拨"键调出你所输入的卡号和密码。

2. 加密：刷卡签名＋密码模式

要第一时间在卡片背面的签名条上签下自己的名字。专业人士建议持卡人选择"密码＋签名"的模式,这一模式适用于银联POS机消费,这样一来,使用信用卡消费就拥有了双重安全保障。

3. 留意：刷卡过程监控

在刷卡时,无论何时何地要做到卡不离身。特别是在餐厅就餐时,当服务员提出需在服务台结账时,应持卡片自行前往,避免卡片被复制或盗刷,并且要时刻留意收银员的刷卡次数。

4. 确认：认真核对确认签购单

刷卡后,要认真核对签购单上的金额以及币种信息是否正确。交易后尽量保留一段时间凭证,信用卡交易应至少持有凭证至账单日,借记卡交易应至少保留凭证至查询明细确认后。

如何防盗

> 老年人行动迟缓，反应缓慢，防范能力较弱，经常成为不法分子的侵害对象。因此，提高老年人的自我防盗意识十分必要，同时老年人还要掌握一些简单实用的应对方法。

1. 老年人在家时间较多，要搞好邻里关系

老年人彼此之间的家庭成员要熟悉，常来常往的亲戚要清楚，当遇到可疑人或陌生人在附近徘徊、观望、敲门时，一定要多加小心，必要时要拨打"110"报警。

2. 老年人如果居住在一楼，门窗一定要牢固

一定要安装防盗铁门和铁栅栏，正门最好有"观察洞"；出门和睡觉时门要反锁；要养成随手关门、关窗的良好习惯。

3. 老年人家里不要存放大量现金，现金、首饰、存折和其他贵重物品，应放置在不易被外人发现的地方

大多数老年人由于记性不好，经常将存单、存折上的账号、密码、款数等记在日记本或其他本子上，切记：存单、存折不要同本子及身份证、户口簿等放在一起。

4. 当有人打电话问您家中是否有其他人时，您可示意对方有其他人在家中

对不了解底细的人，不要随便让其进家门滞留做客。对上门维修、

宜

1. 有陌生人替你家人送物品时你不妨打个电话先核实一下，千万不要轻信马上开门。
2. 在上下楼之间、楼梯口或院子门口遇到陌生人时，要留心，发现陌生人尾随更要警惕。

忌

1. 凑热闹

有些老年人爱凑热闹，殊不知，当您的注意力在看热闹时，您的财物可能就被偷了。

2. 家中存放大量现金

尤其是常常独自在家的老年人，家中千万不要存放大量现金，一旦被人知道，就会很危险。

送货、送礼等身份不能确定的人员，要查明其身份，尽量等子女回家后再接待。

5. 老年人外出乘车或购物时，防止放入口袋的钱包被窃

一是将钱包放入裤侧袋后，把裤侧袋连同钱包扭转半圈，这样窃贼就是伸手也拿不到钱包。二是在放入外衣口袋的钱包上头再放一些糖果、纸巾等物品，塞得鼓鼓囊囊，增加窃贼下手的难度。

6. 不法之徒利用老年人的热心和善良，在手绢或问路纸条上洒上麻醉药品，伺机抢夺财物

有一些不法之徒以问路为幌子，通过闲聊套出家庭住址后，盗走被害人的钥匙到其家中行窃。所以，老年朋友要注意：遇人问路，特别是在偏僻的地方，不要理睬。

小妙招

空巢老年人的防盗妙招

1. 酒瓶防盗法

晚上睡觉前在每个窗台上放两只空啤酒瓶，如果有小偷撬窗而入，瓶子倒下就会发出声音，这样老年人就能听见，小偷也可能因此被吓走。

2. 亮灯防盗法

不管是否在家睡觉，每天晚上都开一盏灯。空巢老年人可以买一个瓦数较低的节能灯，每天晚上入睡前或者出远门之前，把节能灯插上。这样即使有不法之徒图谋不轨，看到屋里亮着灯也不敢轻举妄动了。

如何防火

温馨提示

我国老年家庭发生火灾的数量占家庭火灾总数的40%，而伤亡比例却占60%。风干物燥的春季正是火灾增多、火险增大的季节。在火灾多发季，老年人在生活中千万不能大意。

老年人要怎样防止火灾呢？

1.增强防火意识

要时时处处绷紧防火这根弦，千万不能因小失大。

2.摒弃睡中用火、用电取暖的习惯

如电热毯、电褥子，不要折叠使用，不要长时间通电。

3.尽量减少家中各种可燃物品

长期不用的物品应及时清理，家中储存捡拾废旧物品的老年人，应及早清除这类物品，以免因其自燃引发火灾。

4.使用煤气前，要检查是否泄漏

平日里要经常对家中的燃气管道或煤气瓶进行检查，对燃气灶、导气软管、煤气瓶做定期保养；煤气泄漏时，应当立即关闭阀门、开

宜

1.牢记"119"报警电话，发现火情及时报警

2.掌握逃生要领

发现火情，要大声呼救，同时用湿毛巾捂住口鼻迅速逃离。

当心火灾

忌

1. 使用电炉、电熨斗，不要忘记拔下这些电器的插销，通电时间长了，电器元件就会发热，可能会引起火灾。

2. 厨房的炉具、卧室的灯具附近，不能有易燃、可燃物。

3. 老年人最好不要躺在床上吸烟，烟头的火星可能会烧着被褥，引起火灾。

窗通风，不得启动电器设备和动用明火。

5. 家中停电时，首先应及时关闭电源开关或拔掉插头

因为一旦恢复供电，一些电器长时间通电很容易发热引发火灾。

6. 室内线路切不可私拉乱扯

这样做极易引起短路并引发火灾。

7. 在做饭时，人尽量不要离开锅具

做饭时不可长时间离开厨房，不要把易燃易爆物品堆放于厨房内。

小妙招

关键的三分钟

家里应装设烟雾侦测器，准备灭火器，并定时检查，大部分丧生的人，都是被浓烟呛死的，时间很短，只需三分钟。这三分钟您没有时间叫救火车或抢救财产，您必须尽量贴着地板爬行，因为愈接近地板氧气愈多。大门若是烫手，千万不要打开。家里要是装有铁窗，一定要留一个逃生门，告诉家人逃生门钥匙在哪里，一旦有火灾发生，就可以迅速逃生。要是住在大楼里，火灾发生时，千万不要坐电梯；不然会被烤成"笼中鸡"。最后要记得火灾几乎都发生在众人熟睡的深夜，所以和家人事先做逃生演习是相当重要的。

如何防电

电，是一种很神秘的东西。运用得好，会给我们的生活带来很多帮助，但是如果不注意触到的话，那后果也是很可怕的。生活中，老年朋友如何预防触电呢？

老年人如何安全用电呢？

1. 老年人使用电暖器时要注意

不要把衣服、被子放在电暖器上，以防着火，不要斜着、倒着摆放，外出时牢记关闭电源，声音出现异常时立即停止使用。

2. 老年人使用洗衣机、电冰箱、微波炉时要注意

不要将多个电器插头插在一块接线板上。像电饭煲、空调、电热水壶等大功率电器不要同时使用，以免负荷过大，烧断保险丝。另外，家用电器都有自己的使用寿命，当家用电器接近使用寿命时，整体性能会变差，使用安全得不到保障。为安全起见，应及早更新。

有电危险

3. 家用电器着火了要注意

应立即拔下电源插头或拉下总闸。如果是导线绝缘体和电器外壳等可燃材料着火时，可用棉被等覆盖物封闭窒息灭火。家用电器发生

火灾后未经修理不可以接通电源使用，以免触电和发生火灾。

4.对厨房、贮藏室等易受潮和腐蚀性的场所要注意

经常检查有无漏电现象，一般可用验电笔在墙壁、地板、设备外壳上进行测试。

宜

1.家用电器使用完毕，要随时切断电源。
2.经常检修电路，避免电路老化发生漏电现象。

小妙招

漏电隐患——老鼠咬电线

有时候家里来了老鼠，电器的电线会被它们咬破；或者在地上摩擦久了，电线的外皮也会被磨破。这时候，请赶快更换电线，千万不要再使用这类电器，以免产生漏电的危险。

忌

1.将多个电器插在一块接线板上。
2.用湿手触及正在使用的电器开关和外壳。
3.用水扑救电视机火灾，会引起电视机的显像管爆炸。

如何防漏

　　近年来，煤气泄漏事故频频发生，给人们的生命和财产造成了巨大的损失，只要灶间传出一种臭鸡蛋气味的特殊气味，便可判定是煤气或液化石油气泄漏了。这时，您应立即关闭各类开关，打开门窗通风。同时，严格"拒绝"一切火种靠近。

　　1. 如果家中没有外人，在家洗澡时不要锁卫生间的门。一旦晕倒，方便家人前来救护。

　　2. 燃气热水器一定要选择强制排气型的。排气管要确保连到室外，并且定期检查并保持排气管的畅通。

　　3. 在炉灶上烧东西时，最好不要走开。防止水、菜汁、汤汁等溢出扑灭火苗而导致燃气泄漏，或因遗忘而烧干锅具引发火灾等。

　　4. 室内一年四季至少要有一扇窗户保持开启状态。家中的窗户不要全部

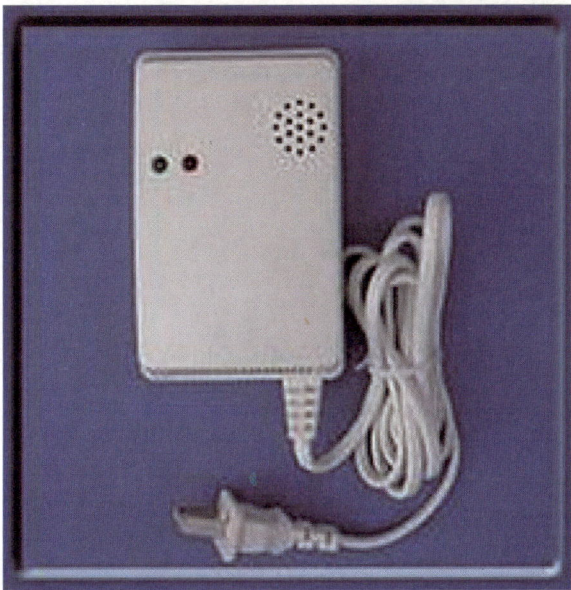

宜

1. 拨打"119"报警，向周围邻居大声呼救求助。
2. 切断家中电源。
3. 在保障自身安全的条件下，利用附近现有条件灭火，切勿贪恋财物。
4. 逃离火灾现场时，可用湿毛巾捂住口鼻，低身弯腰，向着火点相反方向，撤到安全地区。

忌

1. 当闻到家中有轻微异味时，一要进行仔细辨别和排除，二要立即开窗开门，形成通风对流，降低泄漏出的可燃气浓度，并关闭各阀门。
2. 在开窗通风的同时，要保持泄漏区域内电器设备的原有状态，避免开关电器，以防引起爆炸，如开灯、开排风扇、开抽油烟机和打电话等。
3. 如果检查发现不是因燃器用具的开关未关闭或软管破损等原因造成的可燃气体泄漏，不要自行处理，要立即通知物业部门进行检修。

关闭。

5. 燃气热水器千万不要安装在浴室或卫生间内。

6. 每年检查燃气通路，阀门及管道是否漏气。

7. 定期检查和更换软管，防止软管受到意外挤压、摩擦和热辐射而老化破损。

8. 严格按有关规定使用液化石油气钢瓶。不得倾倒使用和用热水浸泡，更不得进行加热，残液不得自行处理。

9. 使用后，要随手关闭管道上的阀门或钢瓶上的阀门。患有鼻炎等嗅觉不灵敏的老年人。如果长时间不在家，更要注意关闭管道上的总阀门或钢瓶阀门。

10. 如果发现家中的燃气用具发生故障，应该及时找厂家进行检修，不能带故障使用。

小妙招

老年人的嗅觉不像年轻人那么灵敏，最好在厨房加装烟雾侦测器，并且准备一台灭火器。而且在煤气开关上，加装煤气定时防爆装置，室内空气尽量保持流通，保持足够新鲜的空气，以确保安全。

如何防震

温馨提示

> 地震前应做哪些准备？地震来临，在民房中、在公共场所怎么避震？专家提出，学习必要的防震知识，提高防震意识，做好防震准备，对老年人更好地保护自己大有好处。

遭遇地震时老年人不要慌，一定要先保持头脑清醒。

1. 应该保护好头部

防止被坠落的物品砸中，应就近蹲到桌子下或墙角处，并用被子或坐垫护住头部。

2. 可以到较狭窄的空间躲避

如厕所、储藏室等，但必须把门打开，准备随时逃离

3. 当剧烈的震动停止时

应切断一切电源和火源。

4. 逃出房屋后

向宽阔的马路附近寻求避灾场所。一般应离开房屋高度两倍以上的距离，这样比较安全。

宜

1. 合适的避震空间宜选在厨房、厕所、储藏室等开间小的地方。

2. 选择好躲避处后应蹲下或坐下，脸朝下，额头枕在两臂上；或抓住桌腿等身边牢固的物体，以免摔倒或因身体失控移位而受伤。

3. 老年人的急救药袋应常带在身边

比如患有糖尿病、心脏病、高血压的老年人，要记得随身带上一定量的药品,如降糖药、降压药等。

忌

1. 待在屋内最不利避震的场所，如没有支撑物的床上；吊顶、吊灯下；周围无支撑的地板上；玻璃和大窗户旁。

2. 地震来临时，保持冷静是最重要的。有些老年人一遇到地震就高度紧张，以至于昏死过去，这对逃生非常不利。

小妙招

高楼防震演练很重要

假如您住高楼，地震来临时千万不要坐电梯。一发现地震，立刻打开大门，以免大门被震歪打不开。大地震时因为煤气管断裂，很容易伴随发生火灾，所以请您牢记：一发现地震就要关掉家电总开关和煤气总开关，以免大火燃烧到你们家。并准备一套应付停电的工具，包括手电筒、蜡烛、收音机、小火炉、木炭及罐头食物，以备照明和烹调。

如何防滑

老年人行走时，身体的重心前移，身体处于前倾姿势，步态失调，很容易摔倒。老年人外出时，对临时住处或活动场所的环境不熟悉，或因地面不平或过于光滑、鞋底太滑、光线不足、台阶楼梯障碍等，非常容易跌倒。

1. 雪天防滑倒

滑倒对于老年人来说，常常是致命的，在冬天尤其如此。为了降低滑倒的风险，下雪天，老年人最好不要出门，出门时必须有人陪同；同时要穿防滑鞋；用拐杖的老人，要确认拐杖的橡胶底是否完好，防止在外行走时滑倒。

2. 放慢速度防受伤

老年人平衡能力差，视力减退，走路时要尽量放慢速度，注意路况。一旦感觉即将跌倒，要赶快下蹲，降低身体的重心，减少滑倒时的冲击力。

3. 上下楼梯时防滑倒

为防止老年人滑倒，建议老年朋友在上下楼梯或在路上行走时眼看准了，脚踩实了再迈步，住楼房的老年人在上下楼梯时要注意扶把手，切忌急三火四，匆匆忙忙踏空楼梯。

4. 加强锻炼

有些老年人之所以容易滑倒，主要是由于年老体弱，反应能力差，

宜

1. 老年家庭室内宜铺装防滑地板、地砖。
2. 家中卫生间内也应铺上防滑地砖，墙上装上扶手或拉手类的辅助工具，地面最好不设台阶。

忌

1. 浴室地上水不断

　　有的家庭浴室里总是湿气很重，地面上水很多，这对老年人来说是非常危险的。
2. 登梯爬高

　　一些老年人独自生活，要找高处放着的物品需登高，这也是很危险的。

眼神又不好，以及患有骨质疏松、脑动脉硬化等病症。他们一旦滑倒，容易导致踝骨、胳膊、腿、腰椎等骨折，有的还可能出现脑震荡，甚至脑出血等严重疾病，因此，适当地加强锻炼是必要的。

小妙招

自制防滑拖鞋

　　剪下两条电工胶布，分别贴在拖鞋鞋底的前端和鞋后跟处，修一修边缘，一只防滑拖鞋就完成了。

如何防止发生意外

在意外事故中，老年人所占的比例很高。如坠落跌伤致死者中85%是60岁以上的老年人。发生在老年人身上的意外事故多种多样，绝大多数可以预防。如果老年人有自我保护意识，凡事处处当心，量力而行，不麻痹大意，不勉强，就完全有可能减少或避免发生意外伤亡事件。

1. 老年人家中设施要完善

老年人发生意外大多发生在家中。因此有老年人的家庭，各居室的家具应力求简单、实用，尽可能靠墙摆放。夜尿频繁的老年人可在床边放置尿壶，缩小老年人夜间的活动范围。有条件的家庭在老年人常活动的场所最好铺设地毯，可减轻受伤的程度。浴室的地面和浴盆通常较滑，可在浴盆旁的地面上铺垫子或厚浴巾防滑。在洗浴和穿脱衣物时要把住扶手、栏杆或坐凳。

2. 老年人尽量避免动作过快

久病或长期卧床的老年人，起床时起身动作要慢，起身动作过快、过猛会使脑内血量相对减少，出现头晕、眼花、心慌等症状，容易跌倒；老年人落座时不要猛然坐下；久坐后也不宜猛然起身，应缓缓地站起，在原地站立片刻再走；要避免单腿站立穿脱鞋袜；由蹲姿到站立更应缓慢，且应站立一会儿再走；要尽量少做低头弯腰等动作。

3. 老年人回头不要过猛

猛回头时会因椎动脉受压变细或因颈部交感神经受刺激而导致脑血管痉挛。这两种情况轻者可发生暂时性脑缺血，出现眩晕、恶心、

宜

1. 老年人外出要注意交通安全

要了解和遵守交通规则。行走要走便道，横穿马路要走斑马线。因老年人动作迟缓，一旦遇到紧急情况，往往避之不及，造成严重后果。

2. 老年人外出时宜随身携带拐杖

手杖着地的一端最好装有防滑的橡皮头。驼背或四肢关节欠灵活的老年人，可用手推小四轮车辅助行走，防止在外出行走时跌碰致伤。

小妙招

呕吐、眼震、复视、耳鸣、四肢轻瘫等症状，重者可形成椎动脉脑血栓，导致偏瘫。尤其是有高血压、动脉硬化、高脂血症、颈椎病、颈椎骨质增生等症的患者，应切记颈部活动时速度要慢、时间要短、强度要小。

4. 老年人洗澡时水温不要过高，时间不能太长

长时间在热气和热水中沐浴容易引起脑供血不足而致虚脱。另外，饱餐后和饥饿时都不宜洗澡。进餐后随着胰岛素分泌可导致循环血量的急剧下降，引起餐后低血压，如立刻运动或洗澡，易发生意外。而饿肚子洗澡则易出现低血糖性休克。一旦在洗澡时出现头晕，应选通风处迅速平卧，喝杯糖水则可缓解症状。心脏病患者不宜洗盆浴，即便洗时应注意不要把胸以上的部位浸在水中。

5. 吃饭时要注意细嚼慢咽

老年人因神经系统反应迟钝及牙齿不健全，在吃饭时易被呛甚至发生假牙、枣核、鱼刺等被卡在食道的现象。因此老年人吃饭时要细嚼慢咽，不要赶时间，也不要边吃边谈笑。

经常看到一些老年人在晨练和傍晚散步时，手拿收音机，头戴耳机，边走边听。这看起来好像不错，但实际上这种习惯不仅不科学，而且非常有害。因为老年人的听力本来就有所下降，耳机是贴在耳道口发声的，对其听力系统的损害要比年轻人还大。另外，由于老年人反应相对迟缓，外出戴耳机还容易引发交通事故。因此，老年人尽量不要使用耳机。

忌

1. 老年人单独出门

无论是散步还是远距离外出，最好有家属陪同或结伴而行。

2. 有冠心病的老年人出门

应随身携带急救药品，以备发病时服用；在衣袋里，应备有自己的病情卡，写上姓名、住址、电话、病情及急救药物的服用方法，以便于旁人的救助和通知家人。

如何自救

老年人在遇到紧急情况、意外情况时，如何能逢凶化吉，转危为安呢？最快捷、最可靠的方法是老年人自己多学习并掌握一些自救的知识和本领，比如老年人独自在家突发疾病、突然被烫伤，突然摔倒等，老年人能够进行自我救治或及时报警求救。反之，如果老年人缺乏自救能力，就会错过急救的最佳时间。

1. 意外骨折

老年人在家中摔倒发生骨折，此时不要过快起身，应慢慢活动自己的受伤关节，若不能动弹则需要呼救，等邻居或急救人员过来帮忙。

2. 意外烫伤

应立即用冷水冲洗，再用冰块敷。程度较轻、小面积的烫伤可用食用油涂抹。程度较重、大面积的烫伤应及时去医院治疗。

3. 脚扭伤

老年人发生的脚扭伤大都是脚踝扭伤，可先自行用冰块进行冷敷，1 天以后再用热水热敷。

4. 高血压发作

应立即服用降压药物，半躺在床上保持平静心态或用温水泡脚。若病症得不到改善应及时就医。

5. 宠物抓伤

应用生理盐水或清水冲洗，然后去医院注射狂犬疫苗。

宜

1. 家中多加几个扶手，防止跌倒

　　75 岁以上的老年人跌倒后很容易骨折。

2. 老年人起床"宁慢三分，不抢一秒"，睡醒后可静卧 3 分钟，坐在床上待 3 分钟，放下双脚在床边坐 3 分钟，然后再下床，开始慢慢活动。

3. 上下楼梯时，老年人也要尽量放慢速度，可侧身下楼，脚尖先着地。

4. 捡东西时，尽量放缓动作，扶住椅子或其他固定物，直腰蹲下捡东西。

忌

1. 拨打"120"后挂电话

　　老人的床头一定要有一个电话。拨完"120"后，可能会进入排队状态，此时一定不要挂电话，否则重拨后又要重新排队。

2. 说不准确自家地址

　　在电话旁边贴一张纸，写清家庭住址及子女的姓名和联系方式。

3. 紧锁家门

　　打通了急救电话后，要先将家门打开。进不去家门，对于急救来说是最致命的。

6.心脏病发作

　　在我国，仅心肌梗死一项大约每 15 秒就有 1 人丧命。当心脏病发作时，应服用硝酸甘油、速效救心丸、300 毫克阿司匹林等药物。病人最好平躺，不宜来回走动或被胡乱搬动。

7.深静脉血栓发作

　　当下肢血栓症状明显时，最好减少活动量，以防栓子脱落随血液循环堵塞肺动脉，导致呼吸困难、低血压甚至死亡，应迅速赶到医院接受抗凝治疗。

小妙招

跌倒时老人如何自救

记住摔倒瞬间"软着地"五字诀。
收：缩头，并腿，双臂合抱胸前。
弯：受力关节迅速弯曲，以降低身体重心。
松：放松用力部位肌肉韧带。
顺：跌倒时顺其自然，尽量顺着惯性倒下。
滚：采用团身滚动。

疾病防治篇

不能忽视的几种常见病

随着年龄的增长，人到了老年，身体的各种功能都开始退化，而一些对身体有危害的因素开始不断上升并恶化，老年人要想顺利度过晚年，及时正确地排除不利于健康的因素是非常必要的。预防几种常见的病症对老年人来说更为重要。

1. 糖尿病

糖尿病患者的病症表现：

糖尿病是一种常见的老年病，早期可能无症状，发展到症状期出现多尿、多饮、多食、体重下降、疲乏无力等症状。其严重性在于它可引发肾脏、眼睛、神经及心脑血管等并发症。

预防糖尿病的措施：

（1）控制体重。锻炼身体，不仅能控制体重，还能增强体质。

（2）坚持定期体检。定期检查血糖、血脂、肾功能等，以便及早发现，及时治疗。

（3）控制饮食。合理搭配控制饮食，防止肥胖，预防糖尿病。

2. 高血压

高血压患者的病症表现：

（1）血压升高。血压高于正常标准，这是判断高血压患者的最

直接手段。正常收缩压标准为 120~140mmHs，舒张压为 60~90mmHs。

（2）身体出现异常。多数患者会出现失眠、心悸、心慌、耳鸣、头晕、头痛、四肢无力、脸色苍白等症状；病情严重时会出现部分肢体麻木、头部剧烈胀痛、目红面赤、恶心、呕吐等症状。

（3）情绪焦躁不安。患者精神倦怠，会产生焦虑，记忆力下降、注意力无法集中等症状。

（4）急性症状。患者会出现浑身冒汗、视力模糊、头痛、呕吐、面色潮红、神志不清等症状。

预防高血压的措施：

（1）保持心情舒畅，避免大喜大悲。

（2）生活要有规律。有规律的生活对预防高血压病非常重要。

（3）合理饮食，避免肥胖。平日要注意以清淡为主，烹饪时要控制食盐的用量，补充含钙丰富的食物如牛奶、虾皮、萝卜、蜂蜜等。

（4）常听音乐。优美的音乐，能使人心情舒畅、大脑放松避免因过度紧张而使血压升高。

3. 高血脂

高血脂患者的病症表现：

（1）黄瘤生成。患者面部、关节、髋部、臀部等部位会出现黄色或橘黄色的扁平状瘤。

（2）视力模糊，眼底出血。

（3）动脉粥样硬化。当脂质物质过多沉积在动脉内膜上时就会引发动脉粥样硬化，阻碍血液正常流通。

宜

1. 节制饮食

食物在胃中停留的时间太长，会引起不适，造成消化不良。同时，还会使横膈的活动受阻，引起呼吸困难，增加心脏负担，可能出现心绞痛之类的症状。还会加重肝脏和胰脏的负担，影响健康。

2. 口味清淡

老年人舌部的味蕾部分萎缩退化，味觉神经也比较迟钝，胃口欠佳，喜欢吃一些浓汤厚味来刺激食欲。这对患有慢性疾病的老年人不利，食物宜清淡忌咸忌腻。

3. 常温食物

由于食管前方紧靠左心房，吞咽高温食物后，会立即影响心率，有时还能引起心律失常，所以不能食用过烫的食物。

忌

1. 暴饮暴食

暴饮暴食会严重地破坏老年人的饮食平衡，加重肠胃负担，引起消化不良，容易发生心绞痛或诱发心肌梗死。所以在吃东西时，宜细嚼慢咽，既有助于食物消化吸收，又可避免梗噎、呛咳。

2. 冷饮冷食

老年人经常吃冷饮、冷食，可引起胃黏膜血管收缩，胃液分泌减少，导致食欲下降和消化不良。低温还可引起心脏冠状动脉痉挛，导致心肌缺血缺氧，可诱发心绞痛、心律不齐。

3. 挑食偏食

饮食的品种要多样化和合理搭配，做到五味调和，满足人体多种营养的需要。

（4）身体表现异常。患者的身体会出现多种不适感，主要表现为头晕、耳鸣、健忘、失眠、体重增加等。

预防高血脂症的措施：

（1）培养积极乐观的性格，对生活和自己充满信心。

（2）定期检查身体，对自己的健康状况做到心中有数，出现异常能及时防治。

（3）注意饮食，少吃高胆固醇和动物性脂肪类食物，多吃富含维生素的蔬菜水果。

4. 冠心病

冠心病的病症表现：

（1）感觉疼痛。多数患者胸骨上段或中段以及心前区会出现疼痛感，此为典型症状。不典型疼痛可出现牙床、咽喉、颈部、左肩、左臂、上腹等疼痛。

（2）疼痛时间短暂。通常经过休息或服药后15分钟痛感会逐渐消失。但如果没有及时止痛，则会越来越严重。且自发性心绞痛持续的时间较长。

（3）发热。少数患者在感觉到疼痛之后会出现体温升高的迹象，温度通常在38℃左右，并可持续一周左右。

（4）身体出现异常。冠心病发作时会出现心跳加快、血压升高、心悸、胸闷气短、出汗、恶心、呕吐、上腹肿胀、肠胀气等症状，并伴有焦虑烦躁等情绪。严重时会出现呼吸困难或加快、剧烈咳嗽、

昏厥、意识模糊、四肢发冷、皮肤苍白或紫绀等症状，严重时可能导致猝死。

预防冠心病的措施：

（1）合理调整饮食。一般认为，限制饮食中的胆固醇和饱和脂肪酸，增加不饱和脂肪酸，同时补充维生素 C、维生素 B、维生素 E 等，限制食盐和碳水化合物的摄入，可预防动脉粥样硬化。

（2）加强体力劳动和体育锻炼。流行病学调查表明，从事一定的体力劳动和坚持体育锻炼的人，冠心病发病率低。

（3）控制吸烟。吸烟在冠心病的发病中起着一定的作用。有报告称，在 35 ~ 54 岁死于冠心病的人群中，吸烟者比不吸烟者多 4~5 倍，吸烟量多者危险性更大，可高达 4 ~ 5 倍，戒烟后心肌梗死的发病率和冠心病的死亡率显著减少，而且戒烟的时间越长效果越好。

5. 老年痴呆症
老年痴呆症的病症表现：

（1）记忆力下降。刚扫过地却说没扫。对新近发生的事情明显呈模糊、遗忘状态。

（2）智力障碍。注意力不集中，逻辑思维能力、计算能力、判断能力逐渐下降直至混乱。

（3）语言障碍。自言自语，语无伦次，唠叨，说话含糊不清，无法明确表述自己的意思。

（4）定向障碍。无法分辨时间、方向、地点。

（5）运动障碍。严重老年痴呆症患者会出现四肢僵硬、平衡失调、大小便失禁等症状，以致生活不能自理。

（6）举止异常。行为举止不受理智控制、行踪诡异等。

（7）人格发生变化。性格、脾气产生一系列变化，如变得幼稚、任性、喜怒无常、易猜忌。

预防老年痴呆症的措施：

（1）保持健康的心态。老年人保持豁达、平和的心态，以宠辱不惊之心面对各种生活状况，避免精神受刺激。

（2）合理饮食，注重规律。不吃含铝、盐多的食品，防止动脉硬化，及时补充矿物质和微量元素，多吃对大脑有益的胡萝卜、豆制品、鱼虾类食物。

（3）培养广泛的兴趣爱好。加强大脑的使用，多看书、写字、画画、思考，促进脑血液循环和脑细胞的新陈代谢，加强大脑的思维能力，防止大脑萎缩。

小妙招

适合冠心病患者吃的食物

冠心病患者可以选择能降脂的蔬菜，如芹菜、红萝卜、白萝卜、西红柿、黄瓜、苦瓜、花生米、大蒜、香菇、海带、紫珠菜等。在炒菜方面应当选择的油类，如血脂偏高者，可用植物油、菜油、花生油等；血脂不高者，可选用猪油或猪肉等炒菜，以利疾病早日恢复。

中老年人的身体警报

老年人应该时刻关注自己的身体变化，如果身体出现异常千万不能大意。老年朋友要用"超敏感"的态度对待自己的身体，一旦某些部位出现"反常"，一定要尽早找医生检查，早诊断、早治疗。

1. 糖尿病的警报

（1）皮肤的伤痕和青肿迟迟不愈。

（2）皮肤瘙痒，尤其是女性外阴瘙痒。由于糖尿病人胰岛素分泌相对不足，尿液中的糖分升高，给霉菌生长繁殖创造了有利条件。

（3）四肢末梢疼痛及麻木。

（4）体重突然减轻却找不到其他原因。这是因为大量的糖流失，不能转化成脂肪。

（5）经常感到口干、口渴。糖尿病患者口渴是因为多尿失水导致频频喝水仍不觉解渴。而且常伴有多尿、容易饥饿、食量增大、疲倦无力、体重下降等症状。

2. 心脏病的警报

（1）耳鸣。研究人员发现，心脏病人，特别是高血压心脏病、冠心病、动脉硬化的病人，都会不同程度地出现耳鸣，这是因为内耳的微细血管变化比较敏感，心血管出现异常尚未引起全身反应时，耳内可以得到先兆信息。

（2）肩痛。肩膀疼痛，严重时连穿衣都困难，特别是左肩、左手臂酸痛，乃为阵发性疼痛。

宜

1. 患慢性病也要定期就诊

不少老年人"久病成医"，在家里备了小药箱，认为慢性病在家治疗既省事又省钱。这样做隐患很多，弊大于利，甚至会导致严重后果。

2. 看病有全科意识

老年人身体各器官功能衰退，患有多种疾病的可能性增大，而老年人通常是哪儿不舒服就看哪科，这样对老年人十分不利。

3. 别把心理问题不当病

调查显示，70%的老年人存在着不同程度的心理问题，27%的人有明显的焦虑、忧郁等心理障碍，0.34%的人有一定的精神分裂症状，0.75%的人患有老年痴呆症。心理问题现已成为严重影响老年人健康和生活质量的主要疾病之一。

（3）胸痛。在劳动或者运动之后常出现胸痛，多发于胸骨后，常放射至左肩、左臂。疼痛时胸部有紧缩的感觉，持续 2 ~ 3 分钟。

（4）呼吸困难。心脏病人胸闷、呼吸困难常发生在夜间、卧位时，坐位时减轻，为阵发性。

（5）水肿。心脏负荷过重致静脉回流受阻，远端血管充血发生水肿，这是心脏病人常见症状。凡中老年人有浮肿，都应及早求医。

（6）频频脱发。

（7）腿痛。有些患者在心绞痛发作时表现出来的却是下肢放射性疼痛。

3. 高血压的警报

（1）头痛和头重。头痛多半出现在后脑部位，并伴有恶心、呕吐症状。

（2）晕眩。天旋地转，身体失去平衡，步行困难。

（3）烦躁、心悸、失眠。心悸、失眠较常见，失眠多为入睡困难或早醒。睡眠不实、噩梦纷纭、易惊醒。这与大脑皮质功能紊乱及自主神经功能失调有关。

（4）注意力不集中，记忆力减退。表现为注意力容易分散，记忆力减退，很难记住近期的事情，而对过去的事如童年时代的事情却记忆犹新。

（5）耳鸣。高血压引起的双耳耳鸣，持续时间较长且较严重。

（6）腰酸肩痛。高血压病人会有经常性的腰酸肩痛症状。

（7）肢体麻木。常见手指、足趾麻木或皮肤

如蚁行感，或肌肉紧张、酸痛，部分病人常感手指不灵活。

4. 中风的警报

（1）头晕。老年人头晕目眩，视物旋转，几秒钟便恢复常态，可能是短暂性脑缺血造成的。

（2）肢体麻木。中老年人出现肢体麻木的异常感觉，如伴有头痛、眩晕、头重脚轻、舌头发胀等症状，特别是有高血压、高血脂、糖尿病或脑动脉硬化等疾病史者，更需警惕中风的发生。

（3）眼睛突然发黑。单眼突然发黑，看不见东西，几秒钟或几十秒钟后便完全恢复正常，是因为脑缺血引起视网膜缺血所致。

（4）原因不明的跌跤。由于脑血管硬化，引起脑缺血，运动神经失灵，因此容易跌跤。

（5）说话吐字不清。突然说话不灵或吐字不清，甚至不会说话，但持续时间短，最长不超过24小时，应引起重视。

（6）哈欠不断。如果无疲倦、睡眠不足等原因，连续打哈欠，可能是脑动脉硬化，引起脑组织慢性缺血缺氧的表现。

（7）精神改变。中老年人出现原因不明的困倦嗜睡现象，要高度重视，很可能是缺血性中风的先兆。

（8）流鼻血。高血压病人如果出现反复鼻出血的现象，可能会发生脑出血。鼻出血可能是由血压不稳定引起的，不加预防可能会导致中风。

忌

1. 吃药跟着广告走

老年人怕到医院检查出病，就自己看广告买药。结果是药不对症，花了不少冤枉钱，也没有治好病。

2. 用药剂量、疗程不遵医嘱

老年人为了减少上医院的麻烦，自己随意改变药物的剂量和疗程，这是十分危险的。

3. 满不在乎

认为自己身体一直比较好，没有大问题；有病也不去医院。

4. 精神过度紧张

老年人在治疗过程中，一遇到波折，就失去信心，终日处于紧张和不安的心境之中。

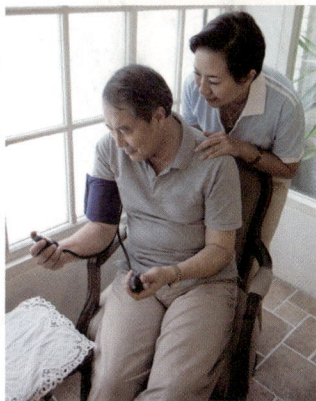

5. 心肌梗死的警报

（1）平素健康，突然心绞痛反复发作，而且程度较重，持续时间较长。

（2）原有心绞痛的症状，近来发作频繁、严重、持续时间延长，休息或含服硝酸甘油不能缓解。

（3）过去是活动时心绞痛易发作，现在休息时或夜间也发作。

（4）心绞痛发作时常伴各种心律失常和大汗淋漓、恶心、呕吐等症状。

（5）心绞痛发作时有明显的呼吸困难、不能平卧、咳嗽等症状。

（6）原来的心肌梗死早已痊愈，突然又发生严重的心绞痛。

小妙招

五官报警别忽视

五官不适之一：眼睛忽然发花，眼角干涩、看不清东西。
这是肝脏功能衰弱的先兆。如果按一按肝脏四周，就会有发胀的感觉。

五官不适之二：耳朵老是嗡嗡作响，声音也听不太清。
这是肾功能在逐步衰退的信号，有时还会伴随着脚痛、腰痛、尿频等症状。

五官不适之三：嗅觉不灵敏，经常咳嗽，有时甚至呼吸困难。
这可能是肺脏功能逐步衰弱的信号。

五官不适之四：嘴唇感觉麻木，饮食减少，身体日见消瘦。
这是胰脏功能在逐步衰减，主要是由于饮食失调，饥饱不当所致，由于胰脏不好，殃及胃，当胃受到损害时，嘴唇就会明显地变得干燥欲裂，麻木无味。

五官不适之五：味觉迟钝，尝不出味道，伴随而来的是心悸、梦多、失眠等症状。
这就意味着心脏功能受到了损害。这是操劳过度所致，当出现口中干涩、舌苔厚重、尝不出滋味时，要警惕，防止心脏发生病变。

应定期进行健康体检

温馨提示

随着年龄的增长，人体各大系统的功能和结构都会发生退行性变化，而许多特定疾病的危害性以及死亡率也随着年龄的增长而上升。定期体检能有效地预防疾病的发生，达到早发现、早诊断、早干预的目的。

专家建议，老年人最好要重视以下七个方面的检查：

1. 心脑血管检查

这是老年人体检的重点。测血压，高血压是冠心病发病诱因之一，血压经常处于高峰，容易发生脑血管意外；心电图检查，可了解心肌供血情况、心律失常等情况。

2. 肝、胆、胰腺 B 超及胸透

肝、胆 B 超可对肝、胆的形态进行检查，提前发现是否出现肝、胆肿瘤或胆囊结石。胸透可早期发现肺结核、肺癌，常年嗜烟的老年人更应该定期做胸透检查，对无症状的早期肺部肿瘤，这是最佳的初筛手段。

3. 查眼底

可及早发现老年性白内障、原发性青光眼。患有高血压、冠心病、糖尿病的病人，可通过查眼底发现动脉是否硬化。

宜

不选贵的只选对的

如今，各种档次的体检套餐充斥市场，有100多元的基础检查，也有1万多元的"贵族套餐"。专家提醒，不是价格越高就意味着体检质量越高，检查项目也不是越多越好，一般选择基本的全面检查项目即可。

忌

1. 经常更换体检地点

最好每年去同一个地方体检，这样体检机构会对体检者的体检报告进行分析，根据上一年的报告选择当下的体检项目，有的项目需重点做，有的项目则可以不做。

2. 每年的体检报告不留存

留存体检报告，除了方便今后体检时作比较外，还可以了解自身某些疾病最早出现的时间及发展情况。

3. 不做尿便常规检查

最基本的常规检查一定不能少，因为每一个人的检查结果都是个体化的，需要根据个人的身高体重去衡量是否超标或有潜在的疾病危险。

4. 查血糖和血脂

肥胖或患有高血压、动脉硬化的老年人尤其要注意此项，特别是餐后两小时的血糖。

5. 检测骨密度

老年人容易骨质疏松，因此50岁以上的男性和45岁以上的女性应进行骨密度检测。

6. 胃肠镜检查

50岁以上的老年人，尤其是老年男性应把其列入体检"补充清单"。胃肠镜检查可发现一些癌前病变，如大肠息肉等，以便尽早清除。另外，通过大便隐血检验还可早期发现消化道疾患及癌症。

7. 妇科检查或前列腺检查

老年女性即使已经绝经，也不能忽视每年一次的全面妇科检查，而男性则应做前列腺检查。

小妙招

老年人体检套餐也能讨价还价

不少老年人到菜市场买菜，最擅长讨价还价，可是到了体检中心，人家给推荐几千块的昂贵套餐，虽然心疼得很，还是咬牙交钱。其实，一些体检机构并非政府定价，完全可以试着侃侃价。套餐也并非贵的就好。专家建议，除了常规检查外，应根据自身经济情况和健康情况，添加合适的项目，根据个人情况量身打造的体检套餐才是最适合自己、最实惠的体检组合。

如何提高免疫力

在昼夜温差较大的时节，老年人容易感冒、咳嗽，频繁遭受呼吸道、消化道以及泌尿系统感染的侵害。这时人们总是把病因归咎于细菌与病毒，其实细菌和病毒只能在抵抗力低下的人身上制造疾病。因此，老年人易得各种慢性疾病，与免疫力降低有关。

老年人如何提高免疫力呢？

1.多吃抗氧化食物

人体不断产生的自由基会损害体内的细胞，破坏人体的免疫系统，唯有抗氧化物质能清除。随着年龄的增长，人体生成的抗氧化物质逐渐减少，最终无力清除不断蓄积的自由基。当人体充斥自由基时，健康就会亮起红灯。对老年人有特殊意义的抗氧化营养元素包括维生素E、维生素C、胡萝卜素、铜、硒等。老年人能从马铃薯、绿茶、柑橘、花椰菜、牛奶、鱼、小麦、樱桃、草莓、西瓜、西红柿中摄取，这些都是价廉物美的天然抗氧化食物。

2.均衡营养

营养是免疫力的基础。首先，保证优质蛋白质，包括动物性食品和豆制品。增加鱼类的摄入量，每天吃一个鸡蛋，每日饮用250毫升牛奶，高胆固醇患者可用脱脂牛奶。多选用大豆制品如豆腐、豆腐干和素鸡等。其次，多吃新鲜的绿叶蔬菜和水果，其中含有丰富的微量元素、维生素和膳食纤维。维生素C、胡萝卜素等对维持机体正常的

宜

1. 保证优质睡眠
如果每日睡眠少于 7 ～ 8 小时，患病的几率就可能增加。

2. 按时按量喝水
饮水应在晨起、两餐之间和睡前，餐外需补充 3 ～ 5 升水。缺水会削弱抵抗力。

3. 葱、姜、蒜、醋天天吃
既可调味，更能杀菌，但不可多食。晚上不要吃姜，晚吃姜，如吃砒霜。

忌

1. 多食甜食和糖
多食甜食和糖会加速人的衰老进程，因此，不可多食。

2. 不喝牛奶、酸奶或豆浆
牛奶可增强呼吸道和内脏器官抗感染的能力，防止病毒和细菌粘到呼吸道上。酸奶能刺激机体产生 γ－干扰素，促进抗体产生。

生理功能有重要作用，而膳食纤维可以增加老年人的大肠蠕动，防止或缓解便秘。另外，要保证各种无机盐和微量元素的摄入，钙、铁、硒和铬等对老年人都是重要的矿物质。

3.保持心情愉快

人体的免疫器官，如胸腺、脾、淋巴腺和骨髓上，分布有神经纤维，所有神经又受大脑指挥，大脑活动直接影响免疫系统的功能。积极乐观的心态有助于促进免疫细胞数目的增长，激发免疫系统的活力，从而起到充分保护机体的作用。

4. 行为科学规范

不良的行为和习惯会成为包括癌症在内的一系列疾病的诱因。消极的生活因素长期、持续地作用于机体，就会扰乱正常的生理功能，导致免疫力下降。因此，老年人应养成良好的生活习惯，起居有常、劳逸结合、饮食均衡、力戒不良生活嗜好。

5.适当运动

适当的运动能改善中枢神经系统的功能、心脏的营养和脂质代谢，促进全身血液和体液循环以及新陈代谢，延缓机体组织的老化和免疫系统功能衰减的进程。

小妙招

每天运动半个小时左右，免疫细胞数目会增加，抵抗力也会相对增加。不过，运动如果太过激烈或时间过长，反而会对身体不利。按摩可使身体放松，减轻压力。每天接受 45 分钟的按摩，持之以恒，免疫功能会明显地改善。每天做 5 分钟的白日梦，在深呼吸的同时做白日梦，让愉快的画面从脑中飘过，可以增加免疫细胞的数目，并提高其活动能力。

应了解一点穴位知识

穴位就像体内一个个小机关，联系着人们的五脏六腑，七经八脉。随着指尖在肌肤上轻轻起舞，各种不适症状也逐渐消失。穴位按摩是老祖宗留给我们的一笔宝贵的健康遗产，它使用方便。老年人了解一些穴位知识，对健康十分有利。

老年人应懂得一点穴位按摩知识，有助于自我保健。

1. 摩头顶

用两手掌 (指头并拢) 紧抚头皮，从发际向后微微用力抚送，直至脖颈处，呼吸要自然，做 8~12 次。作用：降低血压，祛虚热，缓解头脑昏晕、闷胀症状。

2. 搓鬓角

用左手从右眉梢向鬓角斜着来回摩擦，再换右手做，呼吸要自然，左右各做 12 次 (往返为一次)。作用：活血润肤。

3. 搓面

用双手掌 (手指向上、指尖与发际同高) 紧贴面颊，五指靠拢上下搓，呼吸要自然，反复搓 12 次 (上下为一次)。作用：活血润肤。

4. 搓鼻

双手合十，用大拇指下部，从泪囊向鼻梁两侧向下搓，呼吸要自然，做 12 次。作用：预防感冒，疏通泪囊。

5. 运揉耳膜

用两手中指紧紧按在耳门上，同时用食指尖点住耳后翳风穴 (在耳后骨缝中间)，闭目静心，揉搓耳门 60~100 次。作用：预防耳聋。

1. 按摩手法宜适度
手法轻为补、重为泻，慢为补、快为泻。对每个人来说，以不难受为限。

2. 按摩时间宜适度
如心脏功能差者，做保健的时间不能超过半个小时，而且手法要轻。对于有严重的心肌梗死、病情不稳定者，出血性病人（如脑出血、胃出血、吐血、咯血、肠出血等）、昏迷的病人，严重的肾衰、心衰、肝坏死等危重病人，是不允许做按摩、足疗的。

忌

1. 空腹或饱食后按摩
体表有很多的穴位通过经络与胃相连。空腹或饱食后按摩容易引起胃蠕动，诱发胃病，所以饥饿或饭后半小时内不宜做按摩。

2. 皮肤病、传染病患者在传染期内按摩
淋巴管炎、血友病、恶性肿瘤患者若接受按摩，易加剧病情或引发皮下出血，还会造成疾病传播。

6. 搓双目

两手掌相对摩擦，发热后按在眼睛上（静心会神，默数 12 个数）轻轻揉搓，由大眼角向小眼角推送。呼吸自然，做 20~40 次。作用：提高视力，防治昏花，消除困乏。

7. 搓腿

左腿向前迈半步，撩起裤腿（超过膝盖），双掌（指尖向下）紧贴膝盖用力向下推送，直至脚踝骨；然后转手向后抱后踝骨，向上回搓至腿窝处，上下为一次；再换右腿，做法同上，做 8~16 次。作用：加速下部气血流量，防止腿肚抽筋、静脉曲张，解除困乏。

小妙招

1. 指压少商穴止呃逆
少商穴在大拇指外侧，距指甲 0.1 寸处。用拇指甲紧压少商穴，至有酸痛感为度，持续 30 ~ 60 秒，可止呃逆。

2. 指压内关穴止呕吐
内关穴在掌后 2 寸处，尺桡骨之间，压至有酸胀感说明已点中穴位，指压约 1 分钟可止呕吐。

3. 按揉足三里穴止胃痛
足三里穴在膝盖下 3 寸，胫骨外侧一横指处，按揉其部位，有酸麻胀感后 3~5 分钟，胃痛可明显减轻。

4. 掐中指甲根缓解心绞痛
当心绞痛发作，一时无法找到硝酸甘油片时，旁人可用拇指甲掐患者中指根部，让其有明显的痛感，亦可一压一放，坚持 3~5 分钟，症状便可缓解。

5. 捏压虎口治晕厥
他人可用拇指、食指捏压患者的虎口（即合谷穴），捏压十余下时，一般可以苏醒。

癌症的预防

中老年人的免疫力下降，细胞的潜在功能减弱；由于年龄的增长，接触致癌物质的时间更长，因而积累起来的量就越多，所以说中老年人癌症的发生率比青年人高。根据我国的情况，55岁以上的人群容易发生恶性肿瘤，成为癌症的高发人群。

1. 留心警告信号

所有肿瘤细胞都是正常细胞的后代，经过漫长的转化突变而发展成为肿瘤。所以恶性肿瘤的初发阶段病程缓慢，没有特异症状和信号，不易被发现。同时，人们不认识某些症状或信号，没有引起注意和重视，因此延误诊断，失去早期治疗的机会。为此，掌握早期信号，及早就诊是提高治愈率的可靠手段。

中老年人要注意以下警告信号：

（1）有持续性、进行性加重的头痛，伴有恶心、呕吐或复视、视物障碍，或伴有鼻出血、头晕、耳鸣、耳聋等症状。

（2）身体任何部位出现肿块，特别是在颈部、乳房、心窝部、右肋下、锁骨上等处出现，且肿块不断增大。

（3）乳房左右不对称，大小有变化，乳头流出血性或乳样分泌物。

（4）经久不愈的干咳夹血丝或小血块。无痰或有少量痰液，声音嘶哑。

宜

1. 有良好的心态应对压力，劳逸结合，不要过度疲劳

　　压力是重要的癌症诱因。预防过劳体虚从而引起免疫功能下降、内分泌失调、体内代谢紊乱，导致体内酸性物质的沉积。

2. 多在阳光下运动

　　多出汗可将体内酸性物质随汗液排出体外，避免形成酸性体质。

3. 生活要规律

　　生活习惯不规律的人，如彻夜打麻将等会加重体质酸化，容易患癌症。

4. 不要食用被污染的食物，如被污染的水、农作物、家禽鱼蛋、发霉的食品等，要防止病从口入。

5. 每年主动做一次防癌检查。每个人体内都有癌的基因细胞，但是不一定每个人都会得癌症。但当你的免疫功能低下的时候，正常的细胞减少，癌细胞就会增多。有肿瘤家族史的人最好一年检查两次身体；健康人则建议每年检查一次。

（5）吞咽时有哽噎的感觉，胸骨后有异物附着感、烧灼感，隐痛。

（6）长期食欲不振，消化不良，上腹部饱胀，间有吐酸水，便黑色如柏油。

（7）中年以后，性交时阴道出血且有恶臭。

（8）突然出现无痛性血尿，或阴道不规则流血，或白带多。

（9）大便习惯改变，或不明原因的大便次数增多，或便血不止。

（10）身体某部位没有外伤而发生溃疡，或在疤痕上发生溃疡，虽治疗但长久不愈。

（11）身体任何部位长出的疣或色素痣迅速增大，颜色变深，局部毛发脱落或发生溃烂。

（12）身体上较长的骨骼（如四肢骨）某处不明原因的疼痛且进行性加重。

（13）不明原因的发热、消瘦、贫血、闭经和泌乳等。

2. 几种老年常见癌症的预防措施

（1）食道癌的预防

　　调查发现，经常吃酸菜的居民食道癌发生率较高，主要因为酸菜中含有致癌物质亚硝胺及致癌霉菌。吃发酵霉变食物，也易患食道癌。

（2）胃癌的预防

　　主要是改变不良的饮食习惯，多食蔬菜、水果及富含维生素 C 的食物，减少致癌物质亚硝胺的摄入及在体内的合成。

（3）肝癌的预防

首先要改良水质，要吃过滤和消毒过的水。经过消毒的水，既能把细菌杀死，减少传染病，又能使硝酸盐、亚硝酸盐分解，减少致癌的危险性。粮食要防霉变，尤其是容易长霉菌的玉米和花生更要及时晾干，贮存于干燥、通风之处。对于已经污染、霉变的粮食，要进行挑选和处理。

小妙招

饮食预防癌症

1. 在每天的饮食中植物性食物，如蔬菜、水果、谷类和豆类应占 2/3 以上。

2. 多吃蔬菜、水果。每天应吃 400～800 克果蔬，绿叶蔬菜、胡萝卜、土豆和柑橘类防癌作用最强。每天要吃五种以上果蔬，且常年坚持，才有持续防癌作用。

3. 每天吃 600～800 克各种谷物、豆类、植物类根茎，加工越少的食物越好。少吃精制糖。

4. 每天吃红肉（即牛、羊、猪肉）不应超过 90 克。最好是吃鱼和家禽替代红肉。

5. 少吃高脂食物，特别是动物性脂肪。选择恰当的植物油并节制用量。

6. 少吃盐，少吃腌制食物。盐的每日消耗量应少于 6 克（约一茶匙）。

忌

1. 活血药用得太过

因长期应用活血之品，可使病体更虚，并有可能激活癌细胞，极易造成血行转移加速或复发。

2. 补药用之不当

中药的补养药临床上分为四大类：补气、补血、补阴、补阳。在药性上又有寒、热、温、凉之区别。具体治法上又有补心、补脾、补肺、补肝、补肾之不同。如果不加区分，乱补一气，反而会加重病情。

3. 饮食上或服药时口不严

某些病需要禁忌一些食品，如疔疮忌食荤腥发物，肺病忌食辛辣，水肿病人禁食盐，黄疸病人忌食油腻，温热病忌食一切辛辣热性食物，寒病忌食生冷瓜果。

家庭应常备的药品

现代家庭中都会备有药箱，头疼脑热、跌打扭伤，在身体最不舒服的时候，总少不了从药箱中拿点急救的药品，缓解暂时的病痛。家里有老人，一定要备好以下药品，以防不时之需。

1. 血压计、血糖仪

血压计最好选择电子的。当觉得自己有头晕、胸闷等不舒服的症状时，最好能及时地测量一下。此外，早晨起床后，最好也测一下血压，以便更早地发现异常。血糖仪是糖尿病患者的必备之物，不舒服时可随时随地测量。

2. 氧气袋

心脏病患者或肺功能不好的病人，建议备上一个。但要注意，氧

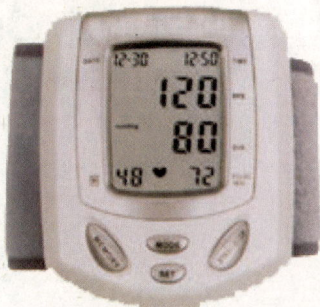

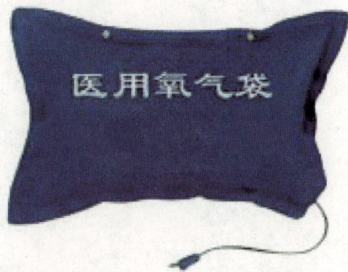

气袋只能解决"一时之痛",一旦症状缓解后,一定要到正规医院就诊。

3. 体温计

老年人对体温变化的敏感性已经大不如前,大多时候都感觉不到自己已经发烧了。因此,当老年人精神不济、没有食欲时,最好先量量体温,看是不是发烧"惹的祸"。而且,发烧是许多重大疾病的"排头兵",不可大意。

4. 心脑血管药物

现在的老年人十有八九都患有心血管疾病,除了需遵医嘱服用药物外,平时不妨多备点硝酸甘油,一旦觉得有胸闷、心脏不适,或是出现心绞痛,立即含服。

如果患有脑血管疾病,家里可备点安宫牛黄丸,如果发现有中风征兆,突然口齿不清、说不出话来,最好服一粒。

5. 消化类药物

胃肠功能不好也是老年人的常见问题。一方面,他们吃饭后容易胀气,可以准备些吗丁啉类的胃肠动力药;另一方面,便秘不是大毛病,但因此猝死的老年人却不少。因此,应准备些通便药,如开塞露等。

宜

1. 子女要把药箱放在老年人床头,如果夜间发病,一伸手就能够到。

2. 每3个月检查一次有没有过期的药。

3. 尽量选择非处方药,因为它们一般疗效确切、用法简单,而且常用药最好少而精,量不要过多,最重要的是看它能不能"药到病除"。

忌

1. 随便用药

最好不要随便用药。药物有双重性,既能治疗疾病,也可能导致疾病,严重者还可能危及生命。因此,无严重症状时不必服药,尤其是镇痛类、解痉剂、洋地黄类、可的松类等药物,尽量以少用为佳。

2. 忽视药物的相互作用

两种以上药物同时服用,彼此可产生相互作用,有时可使其中一种药物降低药效或引起不良反应。如青霉素类和四环素族合用,其抗菌效力不及单独使用。土霉素等肠道杀菌药与整肠生同时服用,会使整肠生失效。

3. 不注意服药方法

绝大多数药物是采取吞服的,但有些药物如酵母片则宜嚼碎后吞服。又如硝酸甘油片宜舌下含服,这样可以不通过肝脏的破坏而保证药效。

4. 忽视用药剂量

用药要按剂量,超量服用可产生不良反应,甚至引起死亡。

小妙招

教你判断变质药

药物外观出现如下变化的，应视为变质：

1. 针剂

颜色改变，有沉淀分层，出现混浊、絮状物或黑霉点，以及其他固体结晶等。

2. 药片

白色药片颜色变黄、变深，出现花斑、霉点、潮解等。糖衣片表面褪色露底、裂开、发霉等。

3. 糖浆

出现较多沉淀、发霉。

4. 冲剂

发黏、结块、溶化。

5. 眼药水

有结晶、絮状物。眼药膏及其他药膏：失水、干涸、水油分离、有油败气味。

养生保健篇

如何科学淋浴

随着年龄的增长，人体循环系统功能下降，心脏就有了一种潜在的危险。因此，老年人在冬季洗热水澡时，要特别谨慎小心。

宜

1. 洗澡前服药

患有严重冠心病的老年人，可将速效救心丸含于舌下。患有高血压病的老年人，在洗澡前半小时应服1片硝酸甘油。

2. 不要锁住浴室的门

洗澡时最好家里有人，不要锁住浴室的门，一旦出现问题能及时请求帮助。老年人洗澡时动作要舒缓些。洗澡完毕，要慢慢地站起来，洗澡后应休息30分钟左右。

洗澡是清洁皮肤的最好方法，对一般人或者还能劳动和参加体育运动的老年人来说，每日洗一次澡可能无妨，但对很少活动或卧床的老年人来说，这样频繁地洗澡会损伤皮肤，因为老年人皮脂腺、汗腺萎缩而分泌减少，过多地洗去皮肤表面的皮脂，会使皮肤失去滋润，变得干燥、粗糙、瘙痒，甚至可引起皮炎。

为防止皮肤干燥和皮炎，应减少洗澡次数，每周洗 1 ~ 2 次或每 2 ~ 3 周洗一次即可，每次洗 10 ~ 20 分钟都不算少。水温应以 35℃ ~ 40℃ 为宜，水质以软水为好。清洁剂的选择也要考虑到老年人的皮肤萎缩变薄，对碱性的抵抗力降低，因此应使用碱性小、脂肪多的羊毛脂皂或婴儿皂。所用的浴巾应柔软，避免用力过大而擦伤皮肤。

洗后有皮肤干燥、瘙痒者还应擦润肤油脂。洗浴时应有重点。腋下、阴股部、肛围等处大汗腺、

皮脂腺分泌较旺盛，又是褶皱部位，分泌物不易蒸发，容易被细菌分解，其产物可对皮肤产生刺激，引起皮肤发炎。所以应经常洗，并注意擦干，或擦些爽身粉，以保持皮肤干燥清洁。洗浴时还应注意室温，不要温差太大，预防感冒。

忌

1. 水温过高

浴水的温度一般以37℃为宜。水温调得过高，大量的血液集中到皮肤表面，导致心血管急剧缺血，引起心血管痉挛。如果持续痉挛15分钟，即可发生急性心肌梗死。

2. 时间过长

因为体表的血管扩张，还会导致脑血流量减少，使人头昏眼花。

小妙招

老年人科学泡温泉

1. 循序渐进

用手伸进温泉池中试试水温，感觉合适，先泡双腿，再慢慢泡下半身(心脏以下)，待适应后再让上半身完全泡入水中。

2. 选择合适的药池浸泡

有的温泉池中泡有各种中药，要根据自己的身体情况，有选择地入池浸泡。最好泡单纯泉，这种温泉比较缓和，而且无色无味，能帮助血液循环，有减轻疼痛的作用，很适合老年朋友。

3. 时间不宜过长

温泉水温多在38摄氏度以上，身体泡在水中，汗水不能蒸发，时间长了就可能导致“中暑”。故浸泡时间以15～20分钟为宜，中间最好能起身1～2次。

4. 及时补充水分

泡温泉前应喝大量开水。因在浸泡中人的皮肤毛孔会全部张开，大量出汗，流失水分，如不及时补充就容易脱水。

5. 用清水淋浴

为避免皮肤受温泉水中的酸性或碱性物质刺激，泡完温泉应立即用清水淋浴，把留在皮肤上的矿物质冲洗干净。

如何洗头

温馨提示

洗头不仅能保持头部的请洁，而且具有一定的养生功用。在洗发过程中，手指轻轻地在头皮上划过，对头皮有很好的按摩作用，间接促进了血液循环，消除了疲劳。中医认为"肾藏精，其华在发"，头发的健康、光泽是肾气是否充盈的标准。一般说来，一头滋润的黑发是身体健康的标志。

宜

1. 头别往后仰

后仰洗头容易造成老年人中风。对于老年人而言，采用身体前倾的传统低头姿势更安全。但高血压患者要避免过长时间低头。

2. 水温要适宜

老人头皮对温度比较敏感，过冷、过热都会刺激人体血管，造成血管收缩异常。

3. 时间要适宜

清早起床后洗头或者晚上临睡前洗头都容易导致头痛。因此，洗头最好选在白天温度稳定的时间。

老年人要想拥有一头亮泽的头发，首先要学会正确的洗发方法：

1. 洗发前应先梳头

洗发前先将乱发梳通。梳发时，应用梳子把头发的凌乱处和打了结的地方梳顺，然后再从头发末端梳起，直到可以很顺地从发根梳到发尾。梳发时，最好不要一开始就从发根开始梳，以免损伤发根。

2. 要湿洗头发

现在年轻人流行干洗头发，这种洗发方式并不适合老年人。因为干洗头发往往用的是化学性洗发水，而且洗头时按摩头皮的动作容易使头皮毛细血管张开，长期积累，容易引发脑梗塞。

因此，洗头时最好将头发弄湿，而且是用喷头冲淋，让水顺着头发流下，最好不要将头发完

全放入脸盆中。

3. 洗头时，不要用力揉搓头发

头发很少出现特别脏的情况，所以在浸湿头发后，倒适量的洗发水于双手之上，搓出泡沫后放在头上轻轻揉搓，即可产生泡沫，不需过分用力搓头发。冲洗时，也应用手指轻轻捋直头发，切忌像拧衣服一般拧头发。

4. 适量用护发素

头发湿时，摩擦力大，更易揉乱，被扯伤，使用适量护发素可以有效地避免这种情况。

5. 尽量冲洗干净洗发水和护发素

由于洗发水和护发素中含有少许化学物质，因此在洗头时一定要冲洗干净，以免残留在头发上，伤害头发和头皮。

6. 擦头发时，尽量不要拉扯头发

头发湿时弹性很大，但也是最容易受伤的时刻。因此，擦干头发时应用两条毛巾，一条毛巾用于吸取头发上的水，另一条毛巾用来轻轻地擦干头发。

小妙招

帮助生活不能自理的老年人做好头发护理是一件关系到老年人能否生活舒适、心情舒畅的大事。

头发护理包括梳头和洗头两种。床上梳头的方法是：在枕头上铺一条干毛巾，帮助老人把头转向一侧，由发根慢慢梳理，如果头发已经纠结成团，可以用50%的酒精浸润，再小心梳顺，每天梳理一次就可以了。长期卧床的老年人每周至少要洗头1次。通常是用小毯子卷扎成一个马蹄形垫，洗头时垫在颈下，把头放在槽中。洗头时，要注意观察病人的面色、脉搏、呼吸的变化，如果发现有异常情况，应该立即停止洗头。

忌

1. 洗头时用指甲挠头皮

指甲中有许多细菌，一旦娇嫩的头皮被抓破，容易诱发感染。

2. 护发素涂在发根

由于洗发时头发毛囊打开，若护发素涂在发根上，则其中的化学物质容易渗入并堵塞毛囊。

3. 不梳头直接洗

"皮之不存，毛将焉附"，头皮对于头发来说非常重要。洗头前，先用蘸湿的梳子梳头，令附着在头皮上的污垢和灰尘浮于表面，才能同时洗净头皮和头发。

4. 洗完头马上外出

研究发现，头发受到的紫外线辐射量是脸部的两倍以上，紫外线会令毛鳞片变薄、剥落，若洗完头马上外出，紫外线容易导致断发、分叉。

如何搓脸

人的面部神经很丰富，同时也很脆弱，易受外界因素的影响而发生神经炎，出现口角歪斜、下睑外翻，甚至进食时漏汤漏饭的现象。因此，面部神经必须细心呵护，除增强体质，不让风寒趁虚侵袭外，经常搓脸是一项很有效的保养措施。

宜

搓脸的同时一般要配合搓耳。中医认为，耳朵是全身经络汇集之处，人体各个部位都与耳廓通过经络形成密切的联系。按摩耳廓能打通全身经络，活跃机体脏腑，特别是肾脏。

搓脸能刺激面部穴位，是一种促人健康的保健运动，通过搓脸，很多老人变得脸色红润，双眼有神。

搓脸的方法很简单，它不受时间、地点的限制，疲劳时、困倦时、身体不舒服时，都可以搓一搓，而且它不需要借助其他工具，只需要一双手。老年人搓脸前通常要先把双手搓热，然后用搓热的双手去搓脸，有时从上向下，有时从下向上，每次都要把下颌、嘴巴、鼻子、眼睛、额头、两鬓、面颊全部搓到，这个过程可快可慢，觉得舒服了就可以。

搓脸时的轻重、速度快慢以自己的感觉而定。每日搓脸3~5次为宜；每天不少于两次，每次不少于5分钟。如搓脸时双肩酸软，可休息一会儿再进行，直到脸上有热烘烘的感觉为止。

搓脸需要肩关节上抬并上下运动，这是锻炼肩关节、预防和治疗肩周炎的好方法。有的老年人就是通过搓脸治好了自己的肩周炎。有时，搓脸时间过长会

使肩膀酸疼,这时您不妨休息一会儿。

小妙招

　　延缓衰老而进行面部保养并不仅仅是女人的专利,老年人虽然年纪大了,但也应该经常做做面部健美操,延缓面部衰老。

　　下面就介绍几种老年人面部保健的方法:

　　1.五指并拢,双掌摩擦微热后紧贴面部,轻轻上下抹动,按摩额、颧部肌肤以及鼻、耳部,持续3～5分钟。

　　2.闭嘴,使劲吹气,连续用力发"屋"的读音,发音时注意嘴的四周要鼓起来(面颊不要鼓起),然后放松复原。接下来,闭嘴呈抿嘴微笑的样子,再放松复原。

　　3.用力睁大眼睛,尽量使眼眉向上抬,然后放松,重复数次,使眼睛周围的皮肤得到运动。

忌

　　干性皮肤的人在搓脸时手法不要太重,速度也不要过快,以免搓伤皮肤。

如何科学梳头

随着年龄增长，多数人的头发会越来越少。于是，不少老年人，尤其是老年男性就省掉了梳头这道程序，头发都没了还梳头干什么！其实，老年人梳头的目的并不仅仅在于美容，它还有重要的保健作用。

1. 梳头是保护头发的好方法

据研究，反复梳头可刺激头皮末梢神经和毛细血管，促进血液循环、新陈代谢。

2. 梳头也是促进大脑运动的好方法，能够健脑安神

头是人的神经中枢所在地，分布有很多重要的穴位。梳头不只是对头皮进行按摩，还能刺激头部穴位，促进头颅内血液循环，使脑神经兴奋性提高，血管扩张，淋巴回流加快，从而改善颅内的供氧，减缓脑细胞老化的过程，起到健脑防衰的作用。

3. 常梳头还可以治疗头痛

通过梳理头发、刺激头皮，能使紧绷的神经得到放松，使紧张、痉挛的血管得以舒张，因此对血管神经性头痛、偏头痛、神经衰弱等病症有治

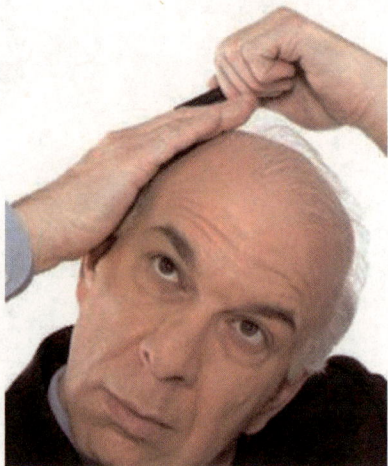

疗作用。如果能坚持每天早晚梳头，保持心情愉快，可使人免受慢性头痛的困扰。

4.头发稀疏或没有头发的老年人，可直接用手指代替梳子梳理

开始时应由前发际缓慢梳向后发际，并边梳理边揉擦头皮。一般一日梳理3遍，早起后、午休前、晚上临睡前各一次，每次10~30分钟或更长，用力适中，以使头皮有热、胀、麻的感觉为好。

小妙招

十指梳头操

方法：

十指弯曲，吸气时用指尖由玄关（两眉间稍上处）向上沿头部中线，经百会穴，向后推至后发际的风府处；呼气时两手放松，向身体两侧用力甩下。如此反复12次。

动作要领：

注意力度适中；双手梳头后用力甩下，放松置于身体两侧，犹如荡秋千状。

宜

1. 要坚持一定时间

　　最好每天早、中、晚3次，每次10分钟。每一处梳5～6遍，整个头发一天梳理约100次为宜。老年人头发稀少，也要坚持。

2. 选好梳子

　　用黄杨木梳最好，牛角梳也可以，塑料、尼龙梳子容易产生静电，对头皮、头发有害，不宜使用。

3. 用力需区分头发性质

　　干性头发梳的时候要用些力，以使头皮感到微热为宜；头发是油性的，梳时用力越小越好，否则会刺激头皮的皮脂腺增加分泌。

忌

1. 梳头时用力过猛

　　开始不能用力过猛，宜先轻后重，先慢后快，避免刮破头皮。

2. 头部有疾病者梳头

　　头部有疮疖痛肿者不宜常梳头。

3. 三天打鱼两天晒网

　　梳头要坚持经常。

如何科学护牙

老年人脱牙并非完全因为年龄因素或是自然衰老，龋齿和牙周疾病才是导致他们牙齿丧失的罪魁祸首。要想在头发花白时还有一口好牙，老年人除了要去除一些平时生活中的不良习惯外，还要每天坚持给牙齿做"保健操"，在发现龋齿和牙周疾病的时候及时就医，就可以避免很多牙齿疾病问题了。

1. 脱牙后及时把缺少的牙齿镶上

有些老年人认为，年纪大了，缺几颗牙是正常的事。缺了牙不想镶假牙，怕麻烦还怕花钱多，殊不知这样做的害处有很多：缺牙会明显降低咀嚼能力，影响消化和营养吸收；会加快邻牙的松动脱落；会影响语言和容貌。脱牙后及时把缺少的牙齿镶上，是老年人口腔保健中一项不可忽视的内容。

2. 坚持餐后漱口

一日三餐后含茶水充分漱口，

让茶水将牙缝中夹带的食物残渣冲洗干净，可有效地清除牙垢。

3. 坚持刷牙

坚持每天早晚刷牙，临睡前刷牙要比早晨刷牙更重要。配合使用防龋齿及治疗牙周病的含氟牙膏和中草药牙膏能更有效地保护和坚固牙齿。

4. 饮食护牙

为适应老年人牙齿状况及消化机能减退的特点，食物加工宜软而烂，应多采用煮、炖、熬、蒸等烹调方法。多食用含有丰富蛋白质、矿物质及维生素的食物，如蛋类、水果、蔬菜、排骨汤等，人体摄取的蛋白质不足时容易患龋齿。尽量少吃酸辣刺激及过冷、过热的食物。交替使用两侧牙齿咀嚼而不用单侧牙齿咀嚼，以免因一侧牙齿使用太少而出现牙龈萎缩。老年人还应注意不用牙齿去咬硬物，包括骨头、蟹、核桃等；餐后不能用过于粗硬的物体去代替牙签剔牙等等。

5. 定期进行口腔检查

最好每半年到正规医院做一次口腔保健检查，及时填补较浅的龋洞，清除牙齿上附着的结石与污垢。

宜

1. 自我保健意识

不少中老年人平时不注意口腔保健，有病不及时治疗。牙齿自我保健法就是坚持早晚刷牙、饭后漱口，以清除牙菌斑、软垢。食物嵌塞牙缝后用牙线清理。此外，每半年或一年到医院做一次口腔检查，洁牙一次（即洗牙），及早发现口腔病，及时治疗，缺牙及时镶牙。每天晨起或睡下后上下牙齿轻轻对叩数十下，能促进牙体和牙周组织血液循环。同时在洗脸时，用食指上下旋转按摩牙龈，排除龈沟及牙周围的分泌物，可改善牙龈内血液循环，提高牙周组织抵抗力，从而防止牙周病。

2. 减少各种致病因素

要节制甜食、甜饮料的摄入，降低唾液及龈沟液的酸度，以减少龋齿和楔状缺损的发生率。

忌

光吃软烂的食物

总吃过烂过软的食物可能造成两方面的问题。一则，食物烹饪时间过长，很容易使B族维生素和维生素C等营养素流失，从而影响老年人对营养的摄入量。二则，尽管年龄的增长会带来牙齿的脱落，但咀嚼功能有刺激唾液分泌的功效，而唾液中含有的消化酶更是进行消化的必需物质。老人必须吃一些相对硬些的食物来磨牙，或者只是磨磨牙床，保证基本的咀嚼功能。

小妙招

老年人的牙齿保健方法

扣齿：

每天起床后、临睡前，上下牙空口咬撞30次左右，此法可增强牙周组织纤维结构的坚韧性，促进牙龈及颜面的血液循环，使牙齿坚固。

牙龈按摩：

先将拇指和食指用清水洗干净，将手指伸入口中，顺着一定方向按摩牙龈，每次10分钟左右，按摩完后用温水漱口。长期坚持做可促进牙龈、牙槽及牙髓血液循环，防止牙床过早萎缩。

用力咬合：

排尿时，满口牙齿用力咬合，每次必做，不间断，可促进口腔黏膜的新陈代谢及牙龈的血液循环，锻炼咀嚼肌，增强牙齿的功能。

如何护眼

温馨提示

人步入老年后，由于生理机能的减退，眼睛也会随之出现眼睑皮肤松弛、球结膜下筋膜组织萎缩、白内障、青光眼、老年黄斑变性等，而严重影响视力。为了追求高质量的生活，提高生命质量，老年人必须保护良好的视力。

1. 应经常做眼保健操，按压太阳穴，或是闭目养神。闭目养神既能使眼睛得到充分的休息，又能休息大脑。

2. 平时应注意保护眼睛。如平时看书、写字姿势要正确，看书时眼睛与书的距离要相隔1尺。

3. 如果眼睛经常有血丝或突然有小范围的充血，可以用1/3或1/2张新鲜的荷叶煮水喝。荷叶能解暑清热、升发清阳、散淤止血。

4. 若目赤肿痛或目赤障翳，可用一两新鲜的车前草煮水饮用。此草具有清热、利水、明目的功效。

5. 经常按摩眼眶和面部。每次10分钟，每天数次，对眼睛有保健作用。

6. 在糙米、酵母、动物肝和各种豆类食物

宜

1. 经常眨眼

　　利用一开一闭的眨眼方法来振奋、维护眼肌，然后用双手轻揉眼部，这样能使眼肌经常得到锻炼，延缓衰老。

2. 经常转动眼睛

　　眼睛经常向上、下、左、右等来回转动，可锻炼眼肌。

3. 按摩眼睛

　　两手食指弯曲，从内眼横揉至外眼角，再从外眼角横揉至内眼角，用力适中；再用食指尖按太阳穴数次。每日早、晚各做一遍，不仅可推迟老花眼，还可防治白内障等慢性眼病的发生。

忌

1.躺着看书

看书时一般每小时要起来活动一下，并用双手掌捂住双眼轻轻按摩，然后往远处眺望，望得越远越好，最好是看绿色植物。因为绿色植物能吸收强光中的紫外线，减少或消除紫外线对人眼睛的有害作用，给眼睛一种舒适的感觉。

2.热浴惜目

用眼不要过度，不要久看电视及书报，不要在晃动的车厢内看书，避免在暗光或日光下看书，以免损伤视力。

中含有丰富的维生素 B1，老年人应该多吃。动物肝脏中含有丰富的维生素 A。植物性食物如蔬菜、水果、胡萝卜中都含有较多纤维素、胡萝卜素和维生素 A、维生素 C 等，适合老年人食用，并能预防夜盲、防止眼睛干燥等，有利于维护老年人的夜间视力。

小妙招

1.远眺运目

室内活动较多的老年人，要多做些室外锻炼，有规律地运转眼球，平视远处的山峰、楼顶、塔尖、河流等景物。上述运动可调节眼肌和晶状体，减轻眼睛的疲劳，进而改善视力。

2.按摩熨目

两手掌快搓后按抚双目上，可改善眼部的血液循环，消除眼睛的疲劳。恰当地按摩眼睛和周围的穴位，定时做眼保健操，可预防视力下降。但按摩不可过度用力，以免引起眼压增高或眼底出血。

如何能睡得好

温馨提示

近年，许多调查资料表明，健康长寿的老年人均有良好而正常的睡眠。人的生命好似一个燃烧的火焰，而有规律的燃烧则会使生命长久；忽高忽低的燃烧则会使时间缩短，使人早夭。

老年人的最佳睡眠时间是 5~7 个小时，也可有 8~10 个小时的睡眠时间，因人而异。过多的睡眠对老年人的健康是有害的，应根据自己的情况，合理地安排睡眠时间。

老年人想要睡眠好，睡前进行曲必不可少：

1. 睡前洗热水澡

专家研究指出，睡前洗热水澡有改善睡眠质量的效果，能缩短入睡时间，并且能把深度睡眠集中在睡眠最初的时间段。

2. 梳头

梳头可使头部血流顺畅，提高大脑思维和记忆能力，促进发根营养，减少脱发，消除大脑疲劳，早入梦乡。

3. 散步

平心静气地散步 10~30 分钟，会使血液

宜

1. 要正确对待失眠

一个人的睡眠好坏，关键在于质量，而不在于睡眠时间的长短，对失眠的不良心理暗示，往往比失眠本身的危害更大。因此，不要过分地计较睡眠时间的长短，而是能睡多少就睡多少，以顺其自然的态度去对待睡眠。

2. 睡眠姿势

经实践，左右侧卧位区别不大。仰卧时不要把手压在胸部，要避免俯卧位（趴在床上睡觉）。冬日切不可用被子蒙头睡，以免吸入过多二氧化碳而损害健康。

忌

1. 睡过高的枕头

睡过高的枕头，无论是仰卧还是侧卧，都会使颈椎生理弧度改变，久而久之，颈部肌肉就会发生劳损。

2. 张口睡

张着口睡觉会使空气中的病毒和细菌进入呼吸道内，从而在睡觉时"病从口入"，同时还会导致肺部和胃部受到冷气流和灰尘的刺激，引发各种疾病。

3. 睡中忍便

忍便对人体的害处非常大，同时也会影响睡眠。如果在睡前排空大小便，就会减少粪便的刺激，这不仅有利于健康，还能预防疾病、延年益寿。

4. 睡醒后猛起

人在刚睡醒时，心跳的速度比较慢，全身的供血量也很少，心脑血管处于相对收缩状态，如果突然猛起必然会造成心脑血管迅速扩张，很容易引发脑出血等。

循环到体表，入睡后皮肤能得到保养，并使大脑的活动减少，较快进入睡眠。

4. 喝杯加蜜牛奶

睡前1小时喝杯加蜜的牛奶有助于睡眠。蜂蜜有助于整夜保持血糖平衡，避免早醒，对经常失眠的老年人更佳。

5. 开窗通气

保持卧室内空气新鲜，风大或天冷时，可开一会儿窗户，睡前再关好，有助于睡得香甜。注意睡时不要用被蒙头。

6. 洗（搓）脚

中医认为，脚上的60多个穴位与五脏六腑有着十分密切的联系。每天睡觉前用温水洗脚，同时按摩脚心和脚趾，可起到促进气血运行、舒筋活络、阴阳平衡的作用。

小妙招

掌握好睡眠方法，对健康长寿大有裨益。

不少老人有午睡的习惯，但如果睡不好，反而觉得更难受。午餐后要休息15～30分钟再睡，饭后不要立即躺下。午睡时间也不宜过长，以30～60分钟为宜。避免睡在风口上，胸腹部要盖点东西，以免受风寒。现在有一种新的看法，认为饭前午睡好，只睡半小时甚至比饭后睡两小时消除疲劳的作用还大。

如何防止便秘

有人说，便秘是老年人的"专利"，这句话看似玩笑，实际上也不无道理。很多老年人对此却不以为然，任其发展，殊不知，有进设出，肠道里就会囤积宿便，致使肠内毒素被大量吸收，从而严重影响人的身体健康。中老年人便秘，如厕时过于用力极易引起心脑血管疾病的突发，造成马桶上的猝死现象。

1. 便秘的类型

一种是肠蠕动变慢导致的便秘，主要是由活动量小、饮食不合理、营养不均衡造成的。另一种是肠道出口梗阻，这是由老年人反射动作减弱、便意差、排便时相关肌肉群力量小以及粪便在直肠中停留时间过长导致的。

2. 便秘的危害

有的老年人嫌上厕所麻烦，有便意的时候忍着不去厕所，久而久之导致便秘。便秘不是小事，对于老年人来说，心脑血管变脆变硬，如果排便时太过用力，会导致腹腔压力瞬间增大，全身肌肉紧张，血管收缩，使得血压瞬间上升，很有可能引起心脑血管破裂，诱发心绞痛、心肌梗死等，甚至危及生命。此外，排便时用力过大，还会引起小肠疝气。老年人腹壁组织强度较差，腹壁较为薄弱，所以用力排便或者剧烈咳嗽时都有可能发生疝气。

3. 便秘的防治

平日养成好的生活习惯，平常多吃一些富含纤维素的新鲜水果，

多喝水。全身运动、健身操等有助于新陈代谢，帮助肠道蠕动。排便困难时可以借助开塞露或甘油栓，如果仍然困难，就要向医生求助了。

宜

1.吃熟香蕉

香蕉含有丰富的膳食纤维和糖分，具有很好的润肠通便功能。不过，专家表示，这种作用只有熟透的香蕉才具有，生香蕉可能会起到反作用。

2.吃柚子、葡萄柚

午晚饭后，吃半个或一个葡萄柚，吃到通便顺畅为止。

3.地瓜（甘薯、红薯）

地瓜能滑肠通便，健胃益气。含有较多的纤维素，能在肠中吸收水分而增大粪便的体积，起到通便的作用。

4.糙米

糙米含有丰富的蛋白质、淀粉、维生素B$_1$、维生素A、维生素E、纤维素、钙、铁和磷等矿物质，其中丰富的纤维素有助于排便。

5.苹果

苹果含有丰富的水溶性食物纤维——果胶。果胶有保护肠壁、活化肠内有用的细菌、调整胃肠功能的作用，所以它能够有效地清理肠道，预防便秘。

忌

1.吃得过精

目前，人吃得比较精细，这就无法形成足够量的食物残渣，不能对肠道形成一定的刺激，肠蠕动缓慢，无法及时将食物残渣推向直肠。

2.蔬果太少

我国城市人口人均摄入纤维量为11.6克，农村人口人均摄入量为14.1克，与中国营养学会推荐的膳食纤维每日30.2克的摄入标准相差甚远。而膳食纤维的主要功能是促进肠胃消化及肠道蠕动，缺乏膳食纤维，大便也很难成形。

3.水分过少

平时注意饮水，正常人每日应饮水1500～2000毫升，每日晨起后空腹饮温水1杯，可促进肠道蠕动，润肠排便。

小妙招

揉腹缓解便秘

起床后排空小便，喝凉开水300～500毫升。站立，两脚与肩同宽，身体放松，右手掌心放在右下腹部，左手掌心放在右手背上，从下腹部按摩上提至右侧肋部，推向左侧肋部，再向下按摩到左下腹部即可。沿顺时针方向反复按摩30～50遍，按摩时无需压力过大，只需轻轻按摩即可。刚开始可能效果不大，只要坚持此法，10天后均可见效。坚持每天做一次，30天后可完全达到自行正常排便的效果。

如何进补

现代医学已经证明滋补药有提高人体免疫功能、延长细胞寿命、抗病强身、益精神、壮神志的作用,老年人各脏器功能减退,免疫功能下降,在医生指导下服用一些滋补药,无疑对祛病强身、健身延寿是大有好处的。但滋补药不可随意乱用,要讲究方法。

1. 常用的补气药

人参是常见的补气药,主要用于治疗病后体虚、消渴症及心悸、失眠、健忘、阳痿等,尤其适合中老年人。另外,补气药还有黄芪、山药、白术、五味子等。黄芪具有广泛的药理作用,能促进白细胞及巨噬细胞功能;促进干扰素诱生;增强细胞的生命力、抵抗力及肾上腺皮质功能;具有抗炎、抗感染作用。

夏天天气炎热,老年人应特别重视精神保养,既要力戒暴怒,更忌情怀忧郁,要做到心胸开阔,善于自我排解。有些老年人在夏季常感到倦怠、气短,被医生诊为气血双虚,可在专科医生指导下选用某些补气药,如生晒参、西洋参或黄芪等。

宜

1. 老年人春季进补原则

无论是食补还是药补,都应有利于健脾和胃,补中益气,以利于营养物质的充分吸收。不能使用辛辣温热的补品,以免加重内热。

2. 老年人夏季进补原则

夏季要健脾养胃,促进消化吸收功能,同时又要解暑散热,生津止渴,避免暑毒。

3. 老年人秋季进补原则

宜润不宜燥,可多吃具有滋阴补肾、润肺、生津、提神、益气、嫩肤等功效的滋补品。

4. 老年人冬季进补原则

要加强高热、高营养、味浓色重、补益力强的食物的进补,如羊肉、狗肉、牛肉、鸡肉等动物性补品的选食。

忌

1. 过分进补

补药多是一些富含营养的药物或食物，若需进补，只能少量多次，不宜急补、大补。

2. 随意进补

老年人若确需进补，必须辨证进服，要掌握因人而异、因病而异、因地而异、因时而异的原则，分清是气虚、血虚还是阳虚、阴虚，或者二者、三者、四者皆虚，再选用适当的药物进补。

3. 过分迷信补药

大多数老人以为价格越昂贵滋补作用越大的想法也不可取。

2. 常用的补血药

补血药最好能在医生的指导下，根据各人病情酌情使用。服用补血药时，某些食物会影响铁的吸收，如茶、咖啡、蛋类、牛乳、含膳食纤维多的食物应尽量少吃。常用的补血药有当归、熟地、何首乌、阿胶、白芍、枸杞子等。何首乌有促进干细胞增生、增强或调节免疫功能、兴奋肾上腺皮质的作用。白芍具有免疫调节、抗衰老、抗疲劳的作用。中成药有乌鸡白凤丸、八珍益母丸、补血丸、定坤丸、当归养血丸等。

3. 常用的补阴药

常见的补阴药有北沙参、玉竹、麦冬、天冬、冬虫夏草、黄精、灵芝、石斛、女贞子、百合、柏子仁、龟板等。女贞子可促进骨髓造血红细胞生成，促进抗体产生，还有改善冠脉流量及降血脂的作用。

4. 常用的补阳药

补阳药多是热性药，有鹿茸、鹿角胶、狗鞭、海马、蛤蚧、紫河车、锁阳、淫羊藿、狗肾、杜仲、补骨脂、肉苁蓉等。淫羊藿对肾上腺皮质功能及雄性功能有兴奋作用，还有抗炎、抗过敏作用，能促进骨髓造血细胞的生成，增强免疫力，诱生干扰素等。

小妙招

冬吃萝卜夏吃姜，不用求医开药方。萝卜具有很强的行气功能，还能止咳化痰、除燥生津、清凉解毒。萝卜的养生、保健和药用效应与茶有着相似之处。

运动健身篇

应选择什么样的运动

锻炼毫无疑问对身体是有益的，但不注意锻炼方法和自身的身体状况而盲目地进行锻炼，有时反而会损害身体或加重已有疾病，所以老年人一定要科学锻炼。

宜

1. 戒负重练习

老年人宜选择动作缓慢柔和、肌肉协调放松、全身得到活动的运动项目，如太极拳、步行、慢跑等。

2. 戒屏气使劲

老年人运动时一定要注意呼吸顺畅和自然，戒屏气使劲。

3. 戒激烈竞赛

一方面由于老年人各器官功能下降，体力运动减慢，协调反应能力差，易发生运动损伤。另一方面，激烈的竞赛易使情绪过于激动，容易发生意外。

4. 戒急于求成

锻炼时要循序渐进，切忌操之过急而使活动量负荷过大。

5. 戒头部位置变换

前俯后仰、侧倒旁弯、各种翻滚、头低脚高、脚朝上的倒立等动作，老年人不适宜做。

老年人比较适合耐力型有氧运动项目，最适合老年人的项目有步行、慢跑、游泳、体操、跳舞、骑自行车等。

1. 步行

每天坚持步行 6 千步，争取达到 1 万步。步行时四肢骨关节、肌肉和身体各部位协调配合，全身都能得到锻炼；天天走路，对于改善心肺功能，增加各组织血流量，延缓下肢关节退行性变化有积极的作用。

2. 慢跑

慢跑比走路强度大，消耗的能量多，能加速血液循环，促进新陈代谢，增大能量消耗，改善脂质代谢，有利于预防高血压和高血脂。

3. 游泳

老年人经常参加游泳锻炼，一方面使呼吸功能得到锻炼，心肺功能得到增强；另一方面，还可以减轻下肢的负荷，调动全身各个肌肉群的运动，增强腰背部和四肢肌肉的活动能力。

4. 体操

经常坚持做体操可以使头颈、躯干、四肢灵活，养成良好的身姿，发展柔韧性，消除疲劳，维持神经、肌肉的协调能力。

5. 太极拳

太极拳是适合老年人的低中强度的有氧运动。长期坚持太极拳运动能有效地提高心血管系统功能，改善血脂代谢，提高机体供氧能力，对肌肉有强健作用，不仅能预防骨折，还有调节平衡的健心功效。

忌

1. 进行强度大的运动

会使心率过高及血压剧增，极易发生意外。

2. 参加有身体接触的运动项目

老年人参加篮球、足球、摔跤、武术散打等项目，易摔倒，发生骨折、肌肉拉伤及其他严重损伤。因此，老年人应尽量避免参加此类运动。

小妙招

老年人科学锻炼大脑有妙招

多背诵，勤记忆

防止大脑老化的最好办法是学习，可以通过背诵自己喜爱的诗歌来训练大脑。

勤动笔，多写字

写文章时，需要调动大脑的许多部位来参加这项工作，这就能使整个大脑得到很好的锻炼。

嘴别闲着

这并不是说要多吃东西，人在疲倦时，打个哈欠，或讲话、朗读、唱歌，甚至漱口等，都对增强大脑功能有好处。

什么时候运动比较好

现在，不少老年人有晨练的习惯。有专家认为晨练不利于健康，特别是在寒冷时节，清晨锻炼可以说是"健康的杀手"，很容易诱发血管痉挛，进而引发脑中风等。"从人体自身而言，一夜不进水米，血液黏稠度高，清晨时血压也处于一天当中的最高值，这个时候锻炼特别容易突发心脑血管疾病。"

宜

1. 选择最佳时间还需要注意最佳的条件与环境才能收到最佳的效果

诸如饥饿和饭后不宜做剧烈运动；睡前也不宜做剧烈运动等。

2. 每周不一定需要天天连续进行健身，间断的健身有益，每周最好锻炼3次，每次30多分钟，隔日进行更好。

1.血液黏稠、血脂增高、血糖增高者不适合清晨运动

人体各器官系统在每日的9～10点，16～21点处于高功能状态，此时机体的耐训练性好，是人体锻炼的最佳时机。相反，在清晨（6～8点）人体机能则处于低谷，是一天内锻炼效率最低而且最危险的时段。早晨人的交感神经开始兴奋，血压上升，增加了心血管系统的负担和耗氧量；同时由于一般人在入睡前都不会大量饮水，经过一整夜睡眠，呼吸和体表蒸发丢失了水分，人体的血液会处于一种时段性的黏稠状态。在这种状态下进行运动，会导致血液进一步黏稠，易产生运动性血栓；心血管病人容易心肌缺血、心肌梗死；糖尿病人早晨空腹运动容易导致低血糖。

2. 早晨自然环境欠佳，不适合老年人锻炼

由于清晨空气中的污染物较多；夜晚植物光合作用很弱，吐出氧气也少，空气中氧含量低。因此不适宜户外活动。

上午 8 点以后，随着太阳升起，各种植物光合作用加强，空气中氧气浓度增加，污染物减少，太阳光中的紫外线能杀死空气中的病菌，使空气变得清新。在这样的环境中进行健身运动，有利于人体健康。世界卫生组织推荐的最适宜锻炼的时间是 9～10 点或 16～20 点。夏季上午可提前半个小时，晚上可延后半个小时，清晨或有雾的天气最好不进行室外活动。

忌

不少老年朋友喜欢将自己的健身运动安排在天亮或者天蒙蒙亮（5～7 点）的时候。清晨锻炼既不符合人体生物节律特征，也不是一天中自然环境条件的最佳选择。因此，"闻鸡起舞"不科学。

小妙招

运动与音乐也健脑

少坐车，多动腿

走路不仅能锻炼腿部肌肉，还能消除大脑疲劳。因此，多走动、多散步，对防止大脑老化是有积极意义的。

来段优美的音乐

人的语言、计算、分析等功能，都由大脑的左半球负担。工作后能听听音乐是很有好处的，因为音乐能刺激大脑右半球兴奋、活动，可以让左半球得到充分的休息。

要多进行户外运动

> 老年人机体功能逐渐衰退，骨骼也会发生一些变化，加之有些老年人深居简出，接触日光的机会大大减少。当人体在日光中紫外线的照射下，皮肤中7-脱氢胆固醇即可转化为维生素D3，补充身体的需要。因此，老年人应多到户外活动和晒太阳。这对老年人的健康十分有益。

宜

1. 散步

如果每天能坚持走20分钟以上，就可以舒展四肢、加快血液循环和新陈代谢。

2. 跑步

跑步对提高心肺功能非常有好处，可以加快血液循环，增大肺活量，有助于减肥。

3. 登山

登山不仅锻炼心肺功能，还能很快地消耗脂肪，明显地提高腰、腿部的力量，行进的速度、耐力、身体的协调平衡能力等身体素质。除此之外，山里的空气清新，可以让您洗净城市尘嚣，心旷神怡。

如果老年人坚持天天运动，并注意多做户外活动，则可以增强体质、减少疾病、促进健康。

1. 维持健康体重和骨骼健康

活动能增加身体的能量消耗，是维持健康体重的基本措施；户外活动可接受紫外线照射，促进体内维生素D的合成，有助于维持老年人骨骼健康，推迟骨质疏松的发生。

2. 改善心脏功能

运动能增强心肌的收缩力，有效地预防冠心病和心肌梗死的发生；此外还可使血中高密度脂蛋白明显增高，降低胆固醇及其他中性脂肪在动脉壁的沉积，保持血管的良好弹性，延缓动脉粥样硬化的进程。

3. 改善呼吸功能

运动可使全身肌肉，包括膈肌、肋间肌等

活动增加，肺功能得到改善，血液含氧量增加，全身各组织细胞得到充足的氧气。长期进行户外活动的老年人呼吸频率明显减少，肺活量比一般老年人大，能有效地预防呼吸系统疾病的发生。

4. 改善消化吸收功能

运动能加强胃蠕动及消化系统的血液循环，促进消化腺的分泌，有利于食物的消化吸收，促进食欲，保持大便通畅，防止便秘。

5. 增强肌肉和关节功能

长期运动可增大肌肉体积，防止肌肉萎缩，提高肌肉的力量，改善肌肉和关节的血液循环；同时也能增强骨质，增进脊柱及全身关节的柔韧性和灵活性，不易发生损伤和骨折。

6. 改善中枢神经系统的调节能力

长期运动对中枢神经系统是良好的刺激，可延缓脑部萎缩，提高全身各个系统的功能，使其反应迅速、灵活、准确、协调，保持较旺盛的生命力；减少紧张和忧虑，改善不良情绪，有利于睡眠。

忌

1. 逞强好胜

无论游山玩水、还是一般的体育运动，都要量力而行，否则容易发生意外。

2. 衣物骤减

在锻炼时，逐步增强肌体的抗寒能力。一定不要暴增暴减衣物，避免感冒。

3. 空腹和过饱锻炼

锻炼之前不要空腹，运动后不要马上大量补水和吃东西，要休息30分钟左右，等消化系统恢复正常的功能后，才可以大量进食。吃饱后也不能马上运动，最好是在饭后的30分钟后再开始运动。

4. 不做准备活动

如果不做好准备活动，肌肉和韧带很容易被拉伤。

小妙招

放风筝

放风筝是一种回归自然的良好运动，人们可以尽情呼吸新鲜空气。随着人在地面操纵风筝线，来回奔跑、有张有弛，不知不觉间使手臂、腰部及腿部的肌肉得到有效锻炼。同时，放风筝是许多伏案工作者锻炼脊椎的最好方法之一。人们放风筝时须仰望蓝天，视线随风筝远近高低而动，较好地调节了视力，有利于缓解视疲劳。

运动时应注意什么

老年人身体的同化作用低于异化作用，机体日趋衰退，在心理上对体育锻炼顾虑较多，总怀有力不从心的负担。因此，老年人的体育锻炼，是在特殊身体条件下进行的，活动的内容、生理负荷和活动的方式、方法，必须与自己的生理、心理相适应。

宜

1. 因人制宜，量力而行

进行速率均匀、动作缓慢、强度不大的活动，如保健操、气功、太极拳、慢跑、快走、走跑交替等。

2. 循序渐进

每次锻炼的活动量要适度，开始时活动量要小些，坚持一段时间之后而不感到疲劳时，再逐渐增加活动量。

3. 持之以恒

养成锻炼的习惯并产生兴趣，从兴趣的产生中获得发自内心的欢乐。

1. 做全面身体检查

通过检查了解自己的健康状况，做到心中有数，为选择合理的运动项目和适宜的运动量提供依据。

2. 了解运动前后的脉搏

测量运动前后的脉搏以及早晨起床时的基础脉搏，进行自我监测，必要时可测量血压。大运动量相当于最高心率 180 次 / 分的 80%，即 144 次 / 分左右；中等强度相当于最高心率的 60% 以下，即 108 次 / 分以下。

3. 锻炼要循序渐进

运动量要由小到大，逐渐增加。以前没有运动习惯的老年人，开始几天可能会出现不适应的情况，表现为疲劳、肌肉酸疼、食欲稍差甚至睡眠不好等。适应后再慢慢增加运动量，不要急于求成。

4. 携带自救卡

患有慢性病的老年人要结伴或者是有人陪伴进行锻炼，记住随身携带自救卡，包括姓名、住址、电话、

疾病名称、急救方法等，同时带上急救药。

5. 饮食

不能空腹健身，运动前后各喝一杯白开水，运动后不宜暴饮暴食，运动后以清淡、低能量饮食为主，多吃新鲜蔬菜和水果。

6. 适度

以稍出汗、稍有疲倦感为度，不要大量出汗，否则会产生虚脱现象。也不能太劳累，使机体难以恢复，影响健康。发现异常，有气喘、胸闷、眼花、腹痛等现象时，立即停止运动，原地适当调整或休息。

7. 运动后稍休息后洗热水澡

运动后应该休息片刻再洗热水澡，可以促进新陈代谢和血液循环，消除疲劳。一般水温控制在40℃左右为宜。如果运动后立即洗热水澡，可能导致脑部缺血发生晕倒。

8. 注意及时调整运动计划

经常参加锻炼的老年人，睡眠良好，表现为睡得快、睡得熟、梦少，醒后精力充沛。如果锻炼后出现失眠、多梦或嗜睡，次日清晨精神不振，可能是运动量或者运动强度安排不当造成的，应注意调整。

小妙招

可以"偷懒"的运动——太极拳运动

虽然运动强度小，动作慢，但标准的动作是保持半蹲位，身体重心较低。老年人的动作太标准，会使膝关节的负荷过大，引起关节软骨软化症、滑膜炎、脂肪垫炎等关节炎，重者引起骨质增生，影响锻炼和日常生活。所以打太极拳时，应"偷点儿懒"，提高身体重心，保持直立位运动。这样可减少膝关节负荷，减少疾病发生。太极剑、迪斯科、舞蹈等运动也应尽量避免强度较大的动作。

忌

1. 快速运动时的耗氧加大，极易导致缺氧昏晕现象。尤其是患有心脏病和高血压病者，快速运动将促使脉搏率和血压骤然升高而发生意外。

2. 进行争抗活动和竞赛

因竞赛和争抗活动必然引起神经剧烈兴奋，同时争抗活动会产生付出自身最大能力的获胜心，这种情况会使老年人在生理和心理上产生力不从心的矛盾，甚至会发生意外。

最简单的运动——微笑

温馨提示

现代科学研究结果表明，笑能促进身心健康。一次微笑会牵动全身17条肌肉，一次捧腹大笑，其健身作用胜过15分钟的体操。大笑时，气体以每小时100公里的速度向外呼出，将大量二氧化碳排出体外，同时摄入更多的氧气。当人笑的时候，能分泌一种快乐的物质"快乐荷尔蒙"，它能调节神经、呼吸、循环、消化等系统，改善心肌供血，并刺激大脑分泌内啡肽，使人心旷神怡。

宜

1. 经常看幽默剧

幽默是一种艺术，人的生活中不能缺少它。正因为它的存在，使世界充满了欢乐。幽默剧以愉悦的方式表达人的真诚和善良，经常看幽默剧会使人受其气氛的感染。

2. 听相声

相声不仅是一种娱乐的消遣方式，还能给我们带来很多好处：笑一笑，十年少，听相声可以心情舒畅，能消除疲劳，忘却烦恼。

微笑能让您变得更健康，更能抵抗压力，让您更有魅力。它是让您活得更长久、更快乐的有效途径。

1. 微笑使我们有吸引力

我们常常被微笑的人吸引。渴望了解一个微笑的人，想知道是什么让他如此开心。愁眉苦脸只会把人推开，而微笑却把人吸引过来。

2. 微笑改变我们的心情

当您情绪低落的时候，您试着去微笑。这个尝试会让您的心情变好。微笑可以"欺骗"您的身体，从而改变您的心情。

3. 微笑会传染

当某个人微笑时，整个房间的气氛变得轻松，其他人的心情也就随之改变，事情做起来更轻松愉快。

4. 微笑可以减压

微笑让我们避免看上去很疲惫。当您感到压力时，您抽出时间来个微笑。这样压力就会减少，那么您的事情就可以做得更好。

5. 微笑增强免疫力

微笑可以让免疫系统更好地工作。当您微笑时，免疫功能可能会因您的放松而增强。

6. 微笑降低血压

当您微笑的时候，您的血压将显著降低。如果您家中有血压计，您可以测一下。静坐几分钟，然后微笑一分钟，再测一下血压。

7. 微笑可以美容，让您看起来更年轻

肌肉群通过微笑可以达到修整容颜的效果，能让人们看上去更年轻。只要整天试着微笑——这样您就会变得年轻。

忌

1. 表情很严肃

每天对着镜子，告诉自己，笑起来真帅／真美，尝试着一点一点地改变。

2. 想不开

不高兴的事情能忘掉的尽快忘掉，千万别动不动就生气，人开心了笑容自然就多了！

小妙招　60 秒钟微笑的方法

第一步：注意您此刻的感觉。

如果您正在发愁或无精打采，那么注意您的心情、您的精力以及您身体的感觉。什么也不要改变，就保持这个样子。

第二步：开始微笑 60 秒。

卷起您的嘴唇并且发出笑声。如果感觉以您目前的状态真的不能发出笑声，那么就去看些有趣的视频吧。

第三步：通过自身或观看喜剧片段进行 60 秒的微笑后，重新评估您的感觉。

注意您的情绪、身体、姿势、面部肌肉和精力水平。您将可能会感觉轻松点，面部、颈部和肩部肌肉更加放松，缓解许多内在的压力和紧张。想想您每天会笑多少次并且考虑是否需要增加微笑的时间。

最好的运动方式——走路

世界卫生组织对各项运动进行了充分的调查研究，最终得出这样一个结论：步行是最好的健身运动，它具有保健防病的神奇作用。现代运动医学研究认为，步行，首先使全身血液、骨骼、肌肉、韧带都活动起来，继而将呼吸、循环、消化、泌尿、内分泌、神经系统皆引到活跃状态之中。能调节内脏功能的平衡，促进正常的新陈代谢，延缓细胞衰老。

宜

1. 步行前做好准备

　步行前要做一些伸展性运动或轻缓运动进行"热身"，然后再开始步行。步行后还要做一些"恢复性运动"，目的是预防肌肉、韧带或关节的损伤。

2. 运动时间

　最好选择在晚饭前或进餐半小时以后，在空气清新的场所进行。可以先从每天步行20分钟，每周至少3次开始，之后，可逐渐增加步行时间和频率，经过3～4个月以后，可以每天步行45分钟，每周坚持步行5天。

老年人走路的目的是要通过锻炼使心脏更年轻，肺部更发达，加强新陈代谢。下面是几种有效的走路方法。

1. 大步走

大步走的时候全身的肌肉参与运动量非常大。在肌肉用力的情况下，血液循环的量也可以加大。所以真正要想练好走步，首先必须大步走。男性走100米，用不超过100步走完；女性走100米，最好用不超过110步走完。

2. 十点十分走

水平抬臂这个位置叫九点一刻，再向上斜举臂，这个位置叫十点十分。"十点十分走"，挺胸抬头，每天坚持200步，颈椎会得到有效锻炼。

3. 扭一扭

老年人走路的时候没事扭一扭，过去老话里叫"摇头摆尾扭一扭"。老年人腰颈关节的灵活度差，每天走一走、扭一扭，扭就是良性的内脏按摩，对于防治大小便不畅等效果非常好。

4. 高抬腿走

很多老年人从来不练抬腿，抬腿能力越来越差。老年人骼腰肌的力量非常重要，高抬腿走可以锻炼这个部位。大腿屈膝高抬，每次高抬腿走 100 步，您会发现走台阶都不怕了。

5. 弹着走

两脚朝前，每走一步十趾都用力，特别是大脚趾用力，把人弹起来。弹着走是对脚趾的锻炼、对脚弓的锻炼、对脚腕的锻炼，对抑制拇指外翻和减肥效果也非常好。

6. 倒着走

倒着走要有参照物，注意安全。上身挺直，腿自然下落，前脚掌着地再过渡到全脚，手臂自然摆动，保持整体平衡。小心地先用脚指头着地，重心在前面，稍微踩空了，也不会摔跟头。这样走可以强化腰腿肌肉，增强平衡，比正常朝前走耗氧多。

忌

1. 运动强度

以一般中等强度和强度等运动为主。老年人行度运动过的应先进行强度的步行经几个月运动适后，再渡到中强度的行运动。

2. 运动环境

为了使运动更行运得动老久，少和朋运友、邻居坚长减损动友结伴运动。应持人步

小妙招

认真走

很多老年人走路的时候因脚腕萎缩难以直行。这是老年人神经系统下降造成的，是非常可怕的事情，希望大家认真走。每走一步，无论采取哪种姿势，要用十个脚趾走路。这样，大脑会控制脚趾的每个动作，提高神经系统的调控能力，有效减少小脑萎缩的几率。

锻炼平衡的方法

我国每年约有30%的老年人在运动中至少跌倒一次，随着年龄递增，跌倒几率逐渐增加，80岁以上高达50%。其中5%～15%的人跌倒会造成脑部损伤，引发心脑血管疾病等。老年人平衡能力下降，主要是因为肌力变化、关节柔韧性降低、视力减弱、前庭功能下降等引起的。

宜

多练习闭目平衡法。

1. 最简单的闭目"金鸡独立"。站立位，两眼微闭，两手自然放在身体两侧，任意抬起一只脚，试试能站几分钟。

2. 闭目站立位，两脚分开与肩同宽。双臂向两侧平举，身体先向左侧摆动，再向右侧摆动。然后可逐渐将两脚向一起靠拢，以增加锻炼难度。

3. 闭目站立位，右脚脚尖抵住左脚脚跟，呈一直线，两臂侧平举，维持10秒以上。如果平衡能力较好，两臂自然垂于体侧，维持10秒以上。

4. 顺时针方向转3圈，停下后闭目站立30秒；再逆时针方向转3圈，停下后闭目站立30秒。

老年人锻炼平衡能力是非常有必要的。

1. 抬腿锻炼

稍微抬起一条腿离开地面，坚持五秒钟，至少重复五次，轮换另外一条腿。

2. 脚趾触地锻炼

跨开双脚至肩膀的宽度，双手向前抬至肩膀的高度，向前伸出您的右臂和左足，用脚趾触及地板然后返回当初的姿势，轮换另外一条腿，重复上述动作，至少重复五次。

3. 单腿站立锻炼

跨开双脚至肩膀的宽度，伸直双手抬起左腿，并屈曲，坚持五秒钟。然后轮换另外一条腿，重复五次。随着锻炼水平的提高，可以整天锻炼单腿站立，

即使在洗刷碗筷、读报纸或看电视时，也要进行单腿站立。做得越多，稳定的水平就越高。

4. 太极拳

太极拳是一种非竞争性的可自我调节的比较文雅的锻炼。锻炼时，可慢慢地轻柔地按照一系列动作去做。研究表明，太极拳可以提高老年人的平衡能力防止摔倒。长期打太极拳可以提高膝关节的稳定性，增加身体的平衡能力。

5. 直线行走

老年人也可以在平坦的地面上沿一条直线行走。每天坚持走一段时间，久而久之也可以起到锻炼平衡能力的作用。

忌

老年人锻炼平衡能力时不要超越自身的能力水平。老年人开始锻炼时，最好旁边有人进行保护，或者靠近扶持物进行练习。先睁眼练习，然后逐步过渡到闭目练习。

小妙招

多练板凳操，锻炼平衡能力防摔倒

老年人坐在有靠背的板凳上，背挺直。然后用以下三个动作进行训练，每个动作至少做8次（患有高血压的老年人最好不要做这类操）。

1. 双脚保持弯曲，略微抬起离地，先向外侧张开，再合拢。

2. 脚略微高抬起离地，先伸直，后弯曲，可以双脚同时进行，也可以轮流进行。

3. 上身及头部先尽量侧身向左倾斜，后侧身向右倾斜，倾斜的同时背部挺直。

锻炼关节的方法

随着年龄的增长，老年人各个器官的功能均发生退行性变化，导致老年人因关节功能衰退而造成生理上的不适，比如颈椎病、关节炎等。所以，老年人注意关节功能的锻炼非常重要。通过头、颈及四肢、腰部以及各关节的活动，增加各关节的稳固性和灵活性，达到预防关节疼痛的目的。

宜

1. 锻炼宜适度

不论做什么样的关节功能锻炼，动作均宜柔软轻缓，用力幅度恰到好处。在自感关节活动功能有所改善之后，再适当加大动作幅度和活动范围。

2. 某一关节有病患锻炼时要注意方法

常见到一些中老年人反复地屈伸膝关节，一会儿揉髌骨，一会儿抖晃膝关节，这些动作其实对膝关节大都是有害无益。正确练习膝关节的方法是：将膝关节尽量伸直，练习股四头肌收缩，每次收缩应坚持3～4秒，每分钟练习10次，每小时坚持5～10分钟。

老年人怎样锻炼关节呢？

1. 指关节运动

弹指： 双手十指模拟弹钢琴，从大拇指开始一个个弹向掌心。此法可以锻炼手部的控制能力和活动能力。

揉指： 用拇指与食指夹揉的方法按摩手指，从指根到指尖依次循环。此法可以促进手指的血液循环。

换指： 依次将双手的手指进行交换对指运动。此法可以锻炼手指的灵活度和大脑反应协调能力。

压指： 将十根手指分开，指腹相对，用力对压。直到指关节酸胀痛为止。此法可以锻炼指关节的韧性和灵活性。

拉指： 右手握住左手拇指转一转，再用力向外拉直，依次拉每一根手指，换另一只

手重复同样的动作。此法有助于手指血液循环畅通，强健韧带。

2. 甩手运动

两腿分开、两臂自然下垂，以肩关节为轴两臂前后左右摆动，每次 2 分钟。经常做这样的甩手动作可以锻炼肩关节的灵活性。

3. 叩头运动

脖子向前后左右做低头、仰头及左右旋转运动，大约练习 2 分钟即可。常做可以锻炼颈椎关节。

4. 扩胸运动

两臂平置胸前，向前后做扩胸运动，再双臂向上举肩，然后再直臂下垂做后摆运动，反复数次。

5. 腰背锻炼

两腿分开，举臂后仰，再直腿弯腰弓背然后抱身下蹲，反复数次。

6. 膝关节锻炼

并腿直立，两手叉腰，屈膝蹲下然后直立。

7. 踝关节锻炼

两腿自然分开，左脚脚尖点地，十指握拳，左右脚不停地转动。

忌

1. 爬山、爬楼梯

虽然是很好的锻炼方式，但是却不利于保护膝关节。成年人站立时，膝关节所承受的重量约为体重的 50%，而在爬山、爬楼梯时则须承担体重的几倍，这会加剧膝关节的负担和损伤。

2. 打太极拳

打太极拳时，身体重心较低，动作缓慢，足膝关节始终处于半蹲位的静力性支撑，使膝关节负重过大，引起膝关节疼痛，如果长时间过量单一锻炼，髌骨关节面就会受到摩擦、挤压和冲撞等，会加速髌骨软骨的退变，重者诱发骨膜炎，关节肿痛。

小妙招

踢毽子

踢毽子简单但有挑战性，大家围成一圈或两圈，互相传着踢。盘踢、磕踢、拐踢……花样很多。毽子虽小，但极其锻炼体力。随着毽子的起落，起跳抬腿，前合后仰，整个过程会活动到髋、膝等各个关节，可增强肌肉的力量和相应关节的柔韧性。上肢有节律地摆动，运动了肩、背部肌肉，对肩周炎也有防治作用。

锻炼脑力的方法

国外学者视老年性痴呆症为"即将到来的 21 世纪瘟疫"，该病治疗迄今尚无特效方法，但可通过相应的生活调节与药物治疗延缓病情和改善病人的认知功能。较有效的防治措施是加强脑力训练。

宜

老年人可适当补充富含镁和钾的食物，如鱼类、瘦肉类、豆类、坚果类及香蕉、西红柿等。此外，维生素 A、维生素 C、维生素 E 及 B 族维生素对延缓血管硬化，防止脑的老化与痴呆都有特殊作用，因而可多食用绿色蔬菜与新鲜水果，以摄取多种维生素和矿物质。

1. 多动脑筋

经常观察和思考。如多写文章，多听音乐，学会养花草、种蔬果等。

2. 积极参加各种形式的社会活动

朋友聚会、文娱欣赏、旅游以及体育运动，这些活动都有助于大脑的锻炼，增加生活情趣。

3. 避免各种心理应激性刺激

各种负性的即不愉快的心理刺激都可促使老年人患痴呆症。因此，对付各种心理及精神刺激，应采取"想得开"的豁达平静的心态，学会心理的自我控制和调节。

4. 饮食调理

维生素 C、维生素 E、胡萝卜素的摄取能扫除体内自由基，防治痴呆症。此外，发酵食物和酿造的醋可以为脑细胞提供氧。胆碱能防止痴呆症，而

卵磷质内含胆碱最多，因而可多摄取大豆、银杏等。钙可调节神经肌肉的兴奋性，维持心脏功能的正常活动，有利于改善老年人的认知能力。镁是各种酶反应的辅助因子，与钾、钙等相协调可预防血管硬化，增强脑的血流量，有助于预防老年性痴呆症的发生。

5. 中药调理

中医治疗老年性痴呆症以补气益血、补肾健脑为主，如中药首乌、熟地、菟丝子、枸杞、杜仲、黑芝麻等有益肾固精的作用。又如人参、龙眼肉、柏子仁、大枣、黄芪、黄精等都有充盈气血、养心益气、增进心智的作用。

6. 高血压是中风的祸首

中风后可能导致血管性痴呆症。因此，长期有效地控制高血压、血管硬化的方法都有助于预防老年性痴呆症。

忌

老年人在饮食中，还应注意少食或不食含铅、饱和脂肪酸和高胆固醇的食物，如肥肉、鱼子、蟹类、动物脑等，少用铝制饮具，以防铝中毒和血管硬化，避免老年性痴呆症的发生。

小妙招

写大字

写大字时老人并非仅仅是模仿，还包括背、核、用。背，就是要做到不看帖也能把帖上的字写出来，力求形神兼备；核，就是将背写的字与帖上的字进行核对，发现不足之处，改正缺点；用，就是实践，把学了的东西，用到实际生活中去，在实践中巩固和提高所学的东西。这是一个完整的锻炼脑力的活动，对记忆力、理解力的提高均有帮助。

面部运动的方法

随着年龄的增长，老年人的感觉器官也处于衰老中，比如牙龈萎缩、牙齿脱落、胃肠功能减弱、视觉、听觉、嗅觉能力减退等。老年人通过多做眼、耳、鼻、口部的运动和按摩，可以改善上述状况。

下面介绍几种面部运动方法：

1. 口部运动

叩齿，转舌，用淡盐水、唾液漱洗口腔和咽部。这些看起来很简单的运动如能每天坚持，对于保持牙齿健康，保持舌头和吞咽动作的灵活性，防止呛食和口腔疾病，改善面部和脑部的血流量有积极的作用。

2. 眼部按摩

用指腹顺着眼部周围的皮肤轻柔按摩，可预防眼袋形成；经常注意眼球的全方位转动，有助于维护视力。

3. 鼻部按摩

用指腹顺着鼻翼两侧进行上下按摩，机械地刺激鼻部血管，使其扩张，血流加快，使鼻部的抵抗力增强，可预防感冒和呼吸道传染病。

4. 耳部揉搓

两手擦热后，用两手食指和中指，分别夹住双耳，用力牵拉或搓揉；用两手掌在双耳廓处，或用两食指尖在双外耳道口按紧、放松，

对防治老年性耳聋有一定的作用。

老年人多做面部运动和按摩，并注意在日常的行、走、坐、卧中坚持下去，对于增强老年人的视、听、嗅、味觉功能大有益处。

小妙招

1. 下巴操

闭上嘴巴，尽量地向右侧移动下巴。同样地往左侧移动。左右各一次为一组共做 8 组。

2. 咬牙操

可以消除颈部的松弛与双下巴。尽量将嘴巴往横向慢慢张开最大后停 10 秒钟。就这样闭上嘴巴用力咬紧白齿后，停 10 秒。以上一组动作重复 8 次。

3. 舌操

一面用指尖压住下巴，一面舌头尖端用力，尽量伸出。就这样将舌头往左下移动，此时嘴巴的肌肉若变硬就可以了。再向相反方向旋转。旋转一圈为一组，重复 8 次。

宜

1. 尽量使眼眉向上抬，然后放松，重复数次，目的是使眼睛周围的皮肤得到运动。

2. 吸烟过度会破坏胶原蛋白和弹性蛋白。长时间酗酒的行为会导致皮肤松弛。过多的糖也会对您的肌肤有负面影响。

3. 适当按摩促进血液循环还要做好防晒工作。

忌

1. 洗脸水太热或太冷

冷水洗脸对老年人的面部皮肤有较强的刺激，除了长年坚持洗冷水澡和体质较健康者外，老年人以不洗冷水为好。洗脸水温度最好控制在 10℃ ~ 15℃，不宜过热或过冷。

锻炼腰背部肌肉力量的方法

温馨提示

人到老年以后，肌肉质量、数量以及最大收缩能力均有所降低，特别是有腰椎疾病的老年人腰椎结构异常，支撑能力、平衡能力和稳定性下降，使老年人弯腰驼背，经常腰疼，甚至不能行走。老年人坚持腰背肌肉的锻炼，可改善血液循环，增加腰肌的力量及韧度，对防治腰部疾病有重要作用。

宜

1. 泡澡或淋浴是改善腰酸背痛的实用方法。主要是因为热水能舒缓肌肉、韧带的僵硬，而淋浴时，水波流动的按摩作用可促进组织新陈代谢与血液循环。

2. 可以用艾草红枣汤来代茶饮，这种汤的特点就是"打通气血"，中医认为，只有气血不通才会导致酸痛，因此可以常食这道汤品来打通气血，疏缓疼痛。

下面介绍几种锻炼腰背部肌肉力量的方法：

1. 床上锻炼

①飞燕式

身体呈俯卧位，双下肢伸直，双上肢置于体侧，与躯体垂直，掌心向上，使上肢肌、腰肌及下肢肌同时用力收缩，尽量使上胸及下腹部离开床面，保持 10 ~ 15 秒，然后放下休息片刻，连续做 5~10 次。

②拱桥式

每天早晨或晚上仰卧在床上，头置于枕上，双肘撑于床面，脚膝并拢，双膝弯曲约 45°，使背部肌肉、臀部肌肉和腿后侧肌肉用力收缩，尽量挺胸、抬臀，呈拱桥形，保持半分钟左右，然后复原，如此连续做 5 ~ 10 次。

2. 站立锻炼

①摆动

抓住扶手，单腿伸直，前后摆动 4 次，再左右摆动 4 次，尽量提高摆动腿的高度。

②屈伸运动

两脚分开与肩同宽站立，两手叉腰，然后腰部充分前屈、后伸，共 4 次。

③侧弯、转体运动

两手向外，水平伸直，掌心向下，两脚分开；躯体向左、右侧弯各 4 次，再向左、右转体各 4 次。

④回旋运动

两脚分开大于肩宽；两手上举，掌心相对，以弯腰触地为起点，以腰部为圆心在空中上下左右画圆圈，顺时针及逆时针方向各旋转 4 次。

3. 行走锻炼

①走路姿势

抬头、挺胸、伸腰，努力使腰部的锻炼贯穿于日常生活中。

②捶打腰部

一边走路，一边捶打脊柱，尤其是腰骶部，也可以静坐或静卧时捶打或按摩。

忌

1. 床垫太软

睡觉时，脊椎若不能获得床垫给予的适当支撑，而整晚处于不当弯曲的状态，长期这样睡，背部就会酸疼。

2. 老年人腰痛在日常生活中相当常见，常不被重视。许多肾脏疾病、胰腺疾病、盆腔疾病，如尿路感染、盆腔炎、前列腺疾病等也会引起腰痛。

小妙招

坐着的时候可经常练习提肛。乘坐地铁或公交车时，可一手拉着吊环、踮起脚、双膝微弯站立，随着车辆的晃动，腰、膝、踝周围的肌肉会得到有效的锻炼。躺着时，一腿蜷起并踩在床上、一腿伸向空中（约 40° 角），然后腰背发力，抬起背部、臀部。

强健内脏的健身法

人到老年，身体各脏器功能减弱，抵抗力下降，易患各种疾病，下面一套强健"五脏"的健身法，简单易行，老年人常做可强健身心，预防疾病。

宜

1. 腹部按摩手法

双手交叉重叠，一只手放在另一只手的上面绕肚脐环绕按摩，顺时针100圈逆时针100圈，每天晚上按摩一次。

2. 对心肺的保健

双上肢伸直和屈曲交替做扩胸运动数次；每天清晨起床后，先喝一杯水，再做深呼吸数次。双上肢交替用力上举，掌心向上，做托天状，停留片刻，一肢上举时，另一肢平放在腹前，掌心向上。双上肢同时用力上举，掌心向上，做托天状。

1. 健脾法

立正姿势，双臂同时向一个方向摇摆。手摆向左侧，头要转向左侧，意念从胸至左足；手摆向右侧，头亦向右，意念从胸至右足，反复做30次。

2. 健肺法

立正姿势，双手掌心向后，俯身擦足3次，再双手掌心向前，俯身擦足3次，反复做10次。

3. 健肾法

站立，双手握拳，紧抵左右腰部，身体向两侧摇摆30次，再以双臂伸直下垂，右手盖在左手上，身体向两侧摇摆30次。

4. 健肝法

站立，两手置于身体两侧，交替下按，意念达到掌心及指尖，各做30次，然后双手置于胸前，手心向前推，意随手走，反复做3次。再以双手

向身体两侧平推，意念把身体浊气通过手推至体外。

5. 健心法

站立，左手轻握右手背部，置于胸前，然后沿胸壁移动，向右移时，左臂贴胸；向左移时，右臂贴胸，各做 10 次。然后双臂交替前伸与后甩，各做 10 次。

小妙招

心脏保健操

1. 双手侧平举，掌心向下。上半身向左侧弯曲，右臂经体侧上提至头顶上方，复原后再做相反动作，各做 10 次。

2. 双手向前平举，双手掌心相对，同时屈膝半蹲，然后双臂慢慢地左右分开，呈侧平举扩胸，掌心向前，同时慢慢起立，做 10 次。

3. 左手从体侧上举，掌心用力上托，同时右手掌心用力下按，下半身稍微下蹲。做 5 次。

忌

1. 忧愁抑郁

生活中的烦恼在所难免，将忧愁烦恼压在心中显然不妥。中国传统医学认为：气伤心、怒伤肝，心情不好应学会心理调节，尽量想办法宣泄或转移。

2. 饮茶过浓

多数人有饮茶的习惯，但茶碱太多也有坏处，茶是一种有效的胃酸分泌刺激剂，而长期胃酸分泌过多，是胃溃疡的一个重要致病因素。

3. 抽烟解闷

很多人郁闷了就一根接一根地抽烟，其实抽烟有百害而无一利，烟草对女性健康的危害尤为严重，能加速容颜衰老。

4. 借酒消愁

有些人往往借酒消愁，其时，借酒消愁愁更愁。只顾闷头苦饮的结果是大量酒精进入人体，使神经系统受损，失去自制力。

四季锻炼应注意的问题

温馨提示

老年人经常参加锻炼可以起到身体健康、新陈代谢正常运转、心情愉快、预防疾病的功效，但是，老年人由于身体的特殊性，在四季锻炼时需要注意一些问题。

一、春季锻炼需要注意的问题

老年人在春季锻炼时应注意以下几点：

1. 注意保暖

春寒料峭，人体在运动后发热，这时如果不做好保暖，就很容易受凉感冒。身体素质相对较差的老年人在锻炼的过程中和结束后更应该注意保暖，防止在锻炼中受风寒。

2. 运动量和运动幅度不要太大

在冬天很多老年人的活动量相对于平时大大减少，因此，刚进入春季的锻炼，应当以恢复为主，做一些活动躯体、关节的活动。

3. 不宜太早

初春天气，早间和晚间的气温都很低，空气中的杂质也比较多，不适合锻炼；太阳出来，气温回升，空气中的二氧化碳浓度会减少，这时才是比较适合的时间。

二、夏季锻炼需要注意的问题

1. 夏季锻炼并非越早越好

夏季，很多老年人都有早起的习惯。因为天热，许多人都认为晨

练越早越好。这其实是一个误区。因为早上太阳出来前，空气中的二氧化碳浓度较高，人难以呼吸到充足的氧气。另外，经过夜间睡眠，早晨人体的血液黏度比较大，流动不畅，加上天热，身体出汗较多，晨练过早，容易导致心血管疾病。很多老年人一大早起来后，不吃东西就去晨练，更增加了患心血管疾病的风险。

2. 老年人不宜"夏练三伏"

"夏练三伏"，对老年人来说，就不适宜了。夏日运动，人容易中暑，所以夏季老年人运动一定要从低运动量、短时间、并尽量在阴凉处开始，让身体慢慢适应炎热的天气，避免长时间在烈日下运动。运动过程中应及时补充水分，最好准备淡盐的绿豆汤或粥及含低钠、钾的饮料，分多次适量饮用，以保证充足的血容量。

3. 出现中暑症状，应立即中止锻炼

老年人锻炼时如出现中暑状况，应将其转移到阴凉通风处，呼吸新鲜空气，脱掉运动服，松解衣扣。

4. 锻炼后不宜立即洗冷水澡

运动时体表的毛细血管扩张，皮肤表面的毛孔张开，如果皮肤突然受到冷水刺激，会造成体表毛细血管的骤然收缩，毛孔关闭，体内热量无法发散，从而导致体温调节功能失调，而出现热伤风的症状。

三、秋季锻炼需要注意的问题

1. 注意衣着，防止感冒

宜

夏季最好的运动是游泳，锻炼的同时还有降温的作用，但要注意不要空腹游泳，也不要刚吃饱就游泳，游泳时间最好选择在饭后一小时左右。

忌

1. 早

早春气温相对较低，人体骤然受冷，特别容易患伤风感冒，因此，初春的清晨不适合老年人进行体育锻炼。

2. 空

人在空腹运动时，血液中的游离脂肪酸会明显增高，会出现损害心肌的毒素，引起心律失常，甚至猝死。

3. 露

老年人进行锻炼，应选择避风向阳、空气新鲜的环境，不要顶风跑，更不宜脱衣露体锻炼。

4. 激

不少老年人锻炼起来无所忌讳，进行超出自己体能的剧烈运动。殊不知，老年人体力弱，适应能力差。切不可逞强，更不能过于激烈。

153

秋季清晨的气温已经开始有些低了，锻炼时一般出汗较多，稍不注意就有受凉感冒的危险。出去锻炼时应该多穿件宽松、舒适的外套，锻炼一会儿身体发热后，再脱下外衣，锻炼后如果汗出得多，要先穿上外套。

2. 雾天不宜户外锻炼

秋季，特别是秋末冬初，晨雾明显增多，雾中容纳了许多有害物质，晨练时呼吸加快，人体会吸入这些有害物质，诱发气管炎、咽喉炎、眼结膜炎、鼻炎、哮喘等疾病或加重病情。同时，雾天气压低、风小、湿度大，汗液不易蒸发，使人感到不舒服。

3. 多吃水果多喝水

秋天干燥，要科学补水。除了注意锻炼前后的补水外，还可以在日常饮食中多吃一些水果和新鲜蔬菜。比如锻炼20分钟后，喝150～200毫升温白开水。有高血压、糖尿病等慢性病的人在秋冬之交时容易冠心病发作，所以此类病人锻炼前最好喝杯白开水，以稀释血液，减少血栓的形成。

4. 做好准备，防止拉伤

人的肌肉和韧带在秋季气温较低的情况下会反射性地引起血管收缩、黏滞性增加，关节的活动幅度减小，韧带的伸展度降低，神经系统对肌肉的指挥能力在没有准备活动的情况下也会下降，锻炼前若不做好充分的准备活动，会引起关节韧带拉伤、肌肉拉伤等。

5. 控制运动量

秋天人的神经系统兴奋性增高。在这个季节人容易超量锻炼，结果引起过分疲劳，影响健康，还容易引发运动损伤。所以，老年人要掌握好运动时间和运动强度，不要超过机体的负荷。一般来说，中老年人运动时间每次不要超过 1.5 小时。

四、冬季锻炼需要注意的问题

1. 热身活动要充分

气候寒冷，人体各器官系统保护性收缩，肌肉、肌腱和韧带的弹力和伸展性降低，身体发僵，不易舒展。如果不做热身活动就锻炼，往往会造成肌肉拉伤、关节扭伤。老年人在冬季进行健身锻炼时，要做好充分的热身活动，使身体发热微微出汗后，再投身到健身运动中。

2. 衣着厚薄要适宜

老年人冬季进行健身运动，要多穿些衣物，热身后，就要脱去一些厚衣服。锻炼后，如果出汗多应当把汗及时擦干，换掉带汗的运动服装、鞋袜。另外，在室外进行健身锻炼要注意保暖，锻炼后身体发热，切不可站在风大的地方吹风，而应尽快回到室内，擦干汗水，换上干净的衣服。

3. 锻炼环境要舒适

冬季人们习惯把健身房的窗子关得紧紧的。殊不知，人在安静状态下每小时呼出的二氧化碳有 20 多升。十多个人同时进行锻炼，一小时就呼出二氧化碳 200 升以上。再加上汗水的分解物及消化道排除的不良气体等，会使室内空气受到严重污染。人在这样的环境中会出

现头晕、疲劳、恶心、食欲不振等现象，锻炼效果不佳。因此，老年人在室内进行锻炼时，一定要注意室内空气流通。

4. 锻炼方法要合适

由于冬季寒冷，体重和体围相应增加较快。因此，老年人冬季健身应提高锻炼的强度和力度，增加动作的组数和次数，同时增加有氧锻炼的内容，相应地延长锻炼时间，用以改善机能，消耗脂肪，防止脂肪过多堆积。

5. 锻炼时不要用嘴呼吸

无论是锻炼还是在平时，都应养成用鼻子呼吸的习惯。因为鼻孔里有很多鼻毛，能够滤清空气，使气管和肺部不受尘埃、病菌的侵害。冬季锻炼时，空气温度低，冷空气经过鼻子时，已经得到加温湿润，再进入肺部就不会产生强烈的刺激了。

小妙招

我国古代流传下来的八卦掌，其行走方法粗看似走圆圈。若以此法，每天锻炼20～30分钟，可防治低血压、偏头痛、失眠、腰腿疼、肥胖症等常见疾病。此法占地不多，简便易学，老少咸宜，行之有效。

初练时，可在地上画一个直径约1米的圆圈，人站于圈外边缘，脊椎伸直，腰部自然下沉，如向右（左），先跨出左（右）脚，在距右（左）脚尖前10～20厘米处落脚，接着跨出右（左）脚。行走时双手可垂于身体两侧或背向身后，不可低头弯腰，双膝可自然弯曲，但速度切勿过快，以双脚交叉或八字形朝向外侧。如此行走数分钟或一定圈数后换方向。

初练习惯后，即可正式走圈。设想地面有一个1米左右的圆圈，走圈时双臂向两侧自然伸直。待向左、右方向各走完10～20圈后，换"八卦掌"之法，即抬起双臂，一掌在上，竖向不超过头顶，但横向可超出面部，一掌小臂位于上腹部，双掌心皆向外（即身体的左右侧）。走10～20圈后，同时换手换方向。当"平伸"和"八卦掌"手姿感到累后，可采用自然下垂或背向身后的方法。

心理健康篇

如何做到心情愉快

现代医学认为，精神愉快与悲伤忧愁可产生两种不同的生化过程。精神愉快在血液中会产生有利于健康的化学物质；悲伤忧愁则可产生对机体有副作用的物质，使激素分泌发生变化，减弱机体的免疫力，引起生理功能紊乱，易患各种疾病。

老年人该如何培养乐观的情绪呢？

1. 知足常乐

老年人应该热爱生活，向往未来，追求成功。不切实际的奢望，往往因不能满足而使人失望。所以要面对现实，从实际出发，对他人不苛求。当自己的要求没有满足或暂时不能满足时，要宽容大度、体谅理解、自我安慰、自我调节。

2. 善于控制自己的情绪

要坦然地面对各种重大事件或意外事件。如果一个人受到挫折，就情绪不正常，而情

绪一旦失控，就会损害身心健康，故应善于控制自己的情绪，做到坦然地面对各种意外事件。但控制情绪并不意味着生硬地压抑自己的情绪，而是有胸怀与气度地去接受发生在自己周围的任何事情。

3. 运用幽默

幽默是能在生活中发现快乐的特殊的情绪表现，具有幽默感的人可以从容地应付许多令人不快、烦恼、甚至痛苦、悲哀的事情。

4. 忘却不愉快的经历

经历了人生的酸、甜、苦、辣的人，会产生各种各样的情感体验，他们往往会回忆那些情绪体验深刻的事件，这是正常的心理现象。经常回顾一些愉快的往事，会产生乐观情绪。每个人在一生中总会遇到不愉快的事，经常回忆这些事会给自己造成无形的压力，引起紧张情绪，对心理健康危害很大。因此，要学会忘却不愉快的往事。

5. 自得其乐

老年人要主动寻找乐趣，不使生活枯燥乏味。如艺术是一种美的享受，过去无暇顾及，如今闲暇了，老年正是好学时。老年大学里有书法、绘画、花卉、园艺、雕塑等课程，拥有一种爱好或特长，可使自己沉浸在艺术情趣之中，让胸襟开阔，情调高雅。

6. 积极的生活方式是心理健康的必要前提

老年人最怕无所事事，每日三饱两倒（即三餐、午觉和夜觉）的生活方式最易引起空虚、孤独和被抛弃感，甚至会使一些老年人感到自己不过是在坐等死神降临，这对于老年人的心理健康十分有害。

宜

1. 正确对待困难

离退休、丧偶、经济困难等对于老年人来说是不愉快的刺激，可使老年人产生不愉快的情绪反应。如果老年朋友能够认识到这是人生道路上必然遇到的情况，并想尽办法去克服它，这样就会精神愉快。

2. 正确对待疾病

人年老后，身体内各种器官或多或少都会产生疾病。据国外资料统计，一个老年人身上大大小小疾病可能有18种之多，这常常使老年人情绪低落。情绪不佳又反过来加重疾病，这样形成了恶性循环。因此，老年人应该正确对待疾病，有病就要积极治疗，要有"既来之，则安之"的态度。

忌

1. 钻牛角尖

看任何事物都不能认死理，否则就容易钻牛角尖。要学会从不同的角度去看待事物和分析问题，找出解决问题的不同方法。

2. 心胸狭窄

学会宽容大度。在生活中，即使是与自己关系很亲密的人，激怒了你，埋怨了你，你也要放宽责备的尺度。时间长了，"日久见人心"。

3. 不认输

乐于承认失败与缺陷：一个人难免遇到失败、失意的事情，或是自己本身存在某种缺陷。

4. 对别人的期望值过高

在生活中，如果太依赖他人，对别人的期望值太高，就容易失望。若能树立凡事自己做，自己去努力做好的观念，则可避免许多由失望带来的苦恼。

🍊 小妙招

多做好事

美国心理学博士索尼娅的研究显示，一天做 5 件好事能使人变得幸福和安宁。当然，做善事不必事先计划，一些举手之劳和微不足道的小事就会让您感到意外的回报。如果您很难每天做足 5 件好事也不必烦恼，索尼娅博士指出，做到本性善良就会有收获。

如何做到人老心不老

美国学者最近研究发现，人类65%~90%的疾病都与心理上的压抑感有关。联合国国际劳工组织曾在一份报告中指出："压抑已成为20世纪最重要的健康问题之一。"对老年人而言，老化情绪是形成心理压抑的一个重要方面。

导致老年人情绪老化的因素大致有三个方面。

1. 衰老和疾病

人到60岁以后，体力和记忆力都会逐渐下降，从而引起一系列生理和心理上的退行性变化。这种正常的衰老现象使老年人有一种"力不从心"的感受，并且带来一些身体上的不适和痛苦。尤其是一些高龄老人，甚至担心"死亡将至"而胡乱求医问药。一些老年人会因此产生忧愁、恐惧心理。

2. 精神创伤

调查表明，精神创伤对老年人的生活质量、健康水平和疾病的疗效有重要影响，有些老年人因此陷入痛苦和悲伤之中不能自拔，久而久之必将影响健康。

3. 文化程度、过度疲劳、营养缺乏、经济欠佳、孤独空虚、死亡临近等引起的老化情绪，对老年人的心理健康也有一定的影响。

宜

1. 交忘年交

如果老年人经常和一些年轻人交往，将会有效地延缓心理衰老。

2. 不要服老

老年人的许多心理衰老现象是本人的心理状态造成的。一个人如果一直以为自己老了，他将越来越明显地出现衰老的症状。相反，如果他一直认为自己不老，他的心理衰老速度将缓慢得多。

忌

1. 心理老化

一些老年朋友说自己老了，这是心理老化的表现，这种心理老化的表现对健康极为不利。生活中一定要保持人老心不老的心理，这样才能有益于健康。

2. 生活随便

一些老年人总认为自己老了，什么都不讲究。因而卫生习惯差了、穿着打扮随便了、饮食起居也不讲究了，过去年轻时良好的生活习惯渐渐地丢掉了。

小妙招

那么，怎样才能让老年人保持良好的身心状态呢？

1. 心态豁达，知足常乐

长期的老年医学观察发现，长寿老人往往都能做到胸怀开朗，处世热情，善解人意，他们与世无争，不易动怒，感到自己生活得很充实、满足。

2. 面对现实，培养兴趣

老年人应积极而适量地参加一些社会活动，培养广泛的兴趣爱好(如书法、音乐、戏剧、绘画、养花、集邮等)，以陶冶情操，处理好各方面的人际关系(包括家庭成员、亲朋好友等)，做到与众同乐，喜当"顽童"。

3. 结交知音(包括青少年朋友、异性朋友)，经常谈心

老年人难免会遇到一些不愉快的事，常在好友中宣泄郁闷，互相安慰，交流怀古，有助于心情舒畅，对保持心理平衡起到重要的作用。

观看《人老心不老》影片

这是一部关于老年合唱团"Young@Heart"的纪录片，"Young@Heart"成立于1982年，成员多是年过半百的老人，其早期成员大多经历过战争创伤，纪录片讲述了一群年过半百的老人，在20多年的时间里，从来没有停止过对音乐的追求，创作了大量的舞台剧和音乐剧，他们的精神鼓舞了越来越多的人。

如何做到难得糊涂

古人云：“养生莫如养性，养性莫如养德。”这句话强调养生先要修养性情，而修养性情先要修养道德。如果在家中做到“难得糊涂”，就有利于家庭和谐，健康长寿。如果常因一点小事互相指责，争吵不休，家庭不和，夫妻感情受损害，往往会引起疾病，损害健康，缩短寿命。

老年人要想快乐地生活，不但要乐于糊涂，还应当学会糊涂。怎样才能学会糊涂？不妨试着从以下几个方面做起：

1. 学会清心寡欲

淡泊名利，以减少自身的失落感。

2. 学会交际

结交新的朋友，以减少因环境变化而产生的孤独感。

3. 学会改变生活规律

建立全新的生活方式，以减少因生活规律的改变而产生的不适应感。

4. 追求自己的爱好

增强自己的生活情趣，以减少空虚感。

5. 调整生活坐标

每个人都要有自己的生活坐标，并随着年龄和境遇的变化不断地进行调整。老年人的生活坐标应该以健康

宜

1. 要糊涂一点

遇事不要太认真，不要计较小事，要大度，胸怀要开阔，要有雅量。

2. 与人为善，以诚待人

“仁者寿”，“不会息事宁人者命短”，这是很好的古训。忍一忍，风平浪静；退一步，海阔天空。

为主旨，以心灵自由而不越轨为准则。

6.珍惜精彩空间

在这个世界里，荣辱得失的迷惘、是非恩怨的纠葛都将离您而去，从而拥有一片无忧无虑、无拘无束、自由自在的精彩空间。这个空间不会永远存在，谁都应当倍加珍惜。

7.乐于自装糊涂

从医学的角度看，"糊涂"心态对身心大有裨益。学会"糊涂"的人心胸比较宽阔，遇事不会斤斤计较。在人际关系、家庭婚姻等方面都比较容易成功，可以减少焦虑与烦恼，有益于健康。

老年人要想做到"难得糊涂"就要学会控制自己的思维与情绪，善于区别日常生活中的大事与小事，把握生活中的关键问题，放弃那些可管可不管的事情。放弃思维中的杂念，集中精力提升自己的生活质量，主要是精神生活的质量。

小妙招

难得糊涂三部曲

"放一着"、"退一步"、"得糊涂"。

当我们遇到难题，不要盲目地急于与之正面交锋，先"放一着"，进行调查研究，进行分析，对"难"有一个从量到质的清醒的认识，对"解难"的条件与方法有一个比较全面的评估；如果"解难"的时机与条件尚未具备，我们就不要一味地冒进，试着"退一步"，以免过早地激化"难"，而使"难"变得"更难"；如果"解难"的最终时机与条件远未成熟，但人心思动、人心思变，那时，我们就应当以先易后难为原则加速促成"解难"的不利条件向有利条件的转化，不断地淡化难、稀释难、"糊涂"难。

忌

1.因琐碎的小事而生气

有很多老年人生活得样样好，什么都不缺，却常常因为子女一句无心的话或者一个无意识的动作而"生闷气"。有跟孩子抢电视看生气的，有因为孩子买了吃的没有先让自己吃而生气的，还有为了孩子在单位没有得到领导重用而生气的，或买东西不满服务态度生气的。

2.挫折的承受能力下降

对各种事件的反应敏感、脆弱，表现为对生活中许多事情忧心忡忡。还有的老年人缺乏安全感，遇到事情会瞻前顾后，容易回忆过去，认为时日不多，担心自我利益受到伤害，担心失去自己在家庭中的地位，担心年老会成为子女的负担，从而影响了身体健康。

发怒的危害

俗话说："愁伤心，气伤肝。"老年人一天到晚郁郁寡欢或者怒气冲天，必定会对健康不利。培养一份好心情，天天保持乐观昂扬的情绪，无疑有益于健康长寿。

对老年人来说，抑郁、烦恼、发怒等消极情绪往往是引起或激发某些疾病的心理因素。发怒有害无益，但现实中又是难以避免的。遇到让人发怒的事时，要学会合理地宣泄怒气。

科学家对长寿老人的调查发现，他们之中有96％的人自称是乐观主义者。医学证明，随便发怒会产生毒素。美国的医生做了一个试验，当一个人正发怒的时候把他的唾液取出来放入试管中摇摇，里面有好多沉淀物是毒素，再将这些沉淀物注射到白鼠身上，结果白鼠马上就中毒了。

老年人应充分认识发怒带来的不良后果。发怒时可造成心血管机能的紊乱，出现心律不齐、高血压和冠心病等症状。严重时还会导致脑血栓或心肌梗死，以及高血压患者的猝死。当要发怒时，您首先想这对自己健康是极不利的。

人在愤怒时，大脑皮层中往往出现强烈的兴

宜

1. 自我按摩

　怒气会使你的颈部和肩部内的肌肉紧张引起头痛，自我按摩头部或太阳穴10秒钟左右，有助于减少怒气，缓解肌肉紧张。

2. 用冷水洗脸

　冷水会降低您皮肤的温度，消除您的怒气。

3. 闭目深呼吸

　把眼睛闭上几秒钟，再用力伸展身体，使心神慢慢安定下来。

4. 大声呼喊

　必须是从腹部深处发出声音或高声唱歌，或大声朗诵。

1. 致怒的因素

有些生理因素，如休息不好、身体不适等，会导致发怒，因此，老年人应尽量避免导致发怒的生理因素，避免生气。

2. 动不动就发火

当愤怒来临时，生理往往产生一系列变化，即俗称的"骚乱"，进而危害身体健康。不如学会容忍，尽量学会平静地面对世事，宽厚待人，怒气自然离您而去。

3. 不知自省

当生气时，不妨反过来问自己，自己确实有被侮辱的地方吗？如果是善意的，不妨就宽宏大量地原谅，因为毕竟是为自己好；如果是恶意侮辱，则应放宽心胸，因为恶意侮辱本不值得发怒。

奋点，并且它还会向四周蔓延。善于运用理智有意识地去转移兴奋中心。比如，有意躲开一触即发的"触媒"，即争吵的对象、发怒的现场，到其他地方干点别的事情。

小妙招

养肝理气常按摩的穴位

太冲穴：

按压太冲穴最适合那些爱生闷气、郁闷、焦虑、忧愁难解的人。

角孙穴：

按压这个穴位对于着急生气后两肋胀痛、乳房胀痛的人更有益。

风池穴、太阳穴：

是头上的"撒气穴"。按压这些穴位能起到明目醒脑、舒缓疲劳、减少焦虑的养生保健作用，可治疗头痛、眩晕等病症。

膻中穴：

生气时往下捋100下，可以顺气，对岔气也有很好的养生作用。

肝俞穴：

是养肝不可缺少的养生要穴。

如何保持好奇心

　　没有好奇心，代表"你真的老了"！这并不只是心理作用，越来越多的研究证明，当人们对某一事物产生兴趣时，体内就会分泌出某种激素，让皮肤不容易长皱纹，器官也不容易出现问题。不过，无论什么原因，"敢尝鲜，老得慢"都是事实。

老年人怎样保持好奇心呢？

1. 学会忘掉自己的年龄

　　年龄大了，不要把"老了"记在心头、挂在嘴上。如果你以为自己老了，就会真的老了。平时尽量少想自己的年龄，这样就会使你感到总是年轻，还能有些作为。一个人希望拥有青春，便必须设法保持青春，只有让生活充实起来，整天忙碌，保持一颗"不老心"，才能使自己的心态年轻。实践证明，忙而有序，健康长寿；闲而无聊，促进衰老。

2. 多学习，多读书，读好书

　　多学习可以使人增长知识，明白道理，就会处事不惊，办事有方；多学习可以使人变得聪明，自如应对一切变化，妥善处理各种矛盾；多学习能使人增长勇气，敢于面对干扰和困难，奋勇向前；多学习更有益于健康，可以增加精神食粮，保持旺盛的精力，与时俱进，生活得快快乐乐。努力学习，学理论、学知识、学本领，好奇心才能增强。

3. 学会进取有乐

　　人活在不断进步、不断发展的社会里，就要积极进取，学点新知

识，做点有意义的事，才能与社会和谐相融。要做到有追求，有目标，常奋斗，常实现，这样，就会激励您产生一种力量，全力以赴探求快乐的源泉，开辟欢愉的渠道，创造人生的快乐，自然好奇心也就会大增。

4. 培养多种爱好

保持好奇心，还要培养自己有多种爱好，于文化娱乐活动之中，调节自己的情志，养生健身。老年人可根据个人的爱好和特长，选择几种文娱活动，注意时间方式，劳逸适度，既充实精神生活，又可养生益寿。长寿者往往有很多爱好，爱好也是人为培养的。人到老年生活内容更容易单调，培养自己多方面的兴趣与爱好，适当参加文娱活动、社会活动，常保持一颗好奇心，无疑是获得健康的重要途径。

日常生活中，老年人不妨像小孩子一样，多问问"这是什么"和"该怎么做"。这么问久了，也会慢慢培养出好奇心。自己感兴趣的东西，一定要去试试看。

抑郁的危害

抑郁症如今之所以会引起多数人的关注，不仅因为它是世界第二大疾病，更是因为它有很多致病性的危害。

老年人抑郁会有哪些严重性的危害呢？

1. 引发或加重身体慢性疼痛

抑郁症不仅会给老年人带来精神上的痛苦，还会带来身体上的痛苦。实际上，很多器质性的疼痛都是抑郁症造成的。这类疼痛早期以头疼最为常见，而后发展为身体的其他部位疼痛，一般会认为心境抑郁是疼痛不愈造成的，如果疼痛消失了，那么抑郁自然而然就好了。其实正好相反，抑郁症才是疼痛的真正原因。

2. 造成免疫力的低下

抑郁症不仅会给人的精神系统造成损害，还可以直接影响人的免疫系统。所以，有抑郁症的人，首先应加强心理调节，小心这种抑郁情绪影响到自己的免疫系统，时刻谨防这种能导致疾病的隐形杀手。

3. 加重或诱发心脏病

患有抑郁症的人患心脏病的风险增长 2 倍，抑郁和心脏有关已是不争的事实。所以如果老年人患有心脏病，一定要留意情绪状况，一旦发现有抑郁情绪，最好是身体和心理上同时治疗。

4. 导致自杀

10% 的抑郁症患者会选择自杀，其中老年人占多数。他们总认为

宜

1. 有些老年人心理比较脆弱，面对衰老的客观事实既惧怕又无奈，这种心态如果不及时调整，极易患上抑郁症。

2. 抑郁情绪可表现为两种相反的趋向。一种趋向是因衰老以点带面地否定自我，把自己看成无用之人，经常自责、自卑、自怜和自贬。另一种趋向是因为自己衰老而更高地要求别人，总是希望得到他人的敬重、关心和照顾，却不考虑他人及社会的实际条件和能力。

忌

1. 孤独

这是老年人最常见的一种心理异常，其主要表现是自我评价过低、生存意识消极、经常对他人不满及抱怨。

2. 多疑

常表现为无病也疑，有病更疑。即使自己有一些轻伤小恙也自以为是病入膏肓、无药可救。或者谈病色变，问病又止，求医问药不断。

自己是无用之人，是家庭的累赘，活在世上已无价值，因而想趁早结束自己的生命。因此，如果发现老年人出现心境变化、个性变化、死亡想法、分发重要的个人收藏、安排后事等预兆时，家里人一定要引起重视，及早到专科就诊，让老年人进行系统治疗，不要掉以轻心。

小妙招

预防抑郁症——常晒太阳

老年人在冬春季节，最容易出现精神抑郁症，表现为精神萎靡、肢软乏力、食欲不振、大脑反应迟钝、记忆力下降、昏昏欲睡等症状。专家认为，这除了与冬春季节活动量较其他季节减少有关外，还与冬天和早春光照不足有关。因为阳光是一种电磁波，犹如一种天然的"兴奋剂"。阳光辐射到人体会造成一系列生理变化，如红外线的"热"效应，会使毛细血管扩张，血液循环加快；紫外线的作用可以使黑色素氧化，皮肤中维生素D和组胺增高，胃酸分泌增加，使血液中血红蛋白、钙、磷、镁等含量上升等。此外，阳光通过眼睛与神经纤维，能促进肾上腺素、甲状腺素及性腺素增加。肾上腺素和甲状腺素是唤起人体细胞工作的激素，含量相对减少时，细胞就会处于抑制状态，因而整个人体机能也就处于抑制状态。

如何做到成功衰老

现在，人的平均寿命愈来愈长，男性平均寿命达 79 岁，女性达 85 岁。除了医学进步外，良好的医疗制度也是原因之一。老年人要想长寿就要懂得保养身体，降低患上严重疾病的风险。

想成为一个健康愉快的老年人，就要从年轻时开始养生。医学界提倡生命全长的生活模式，说明由出生开始便要养生。摄取均衡的营养、维持适量运动及训练大脑灵活，是养生必需的元素。

以下是几种抗衰老运动：

1. 广播体操

在音乐声中锻炼躯体的柔软性，每天锻炼 15~20 分钟。

2. 排球运动

排球运动可以锻炼瞬间反应能力，每天锻炼 15~20 分钟。

3. 1200 米的步行

每周进行一次，要求 10 分钟之内走完 1200 米，但是对于关节炎患者、脑血管意外后遗症者以及血压高于 200 毫米汞柱者不必限制时间，随意走完 1200 米即可，但脉搏不要超过每分钟 100 次。

4. 肌肉、关节的屈伸运动

通过肌肉、关节的屈伸、扭转，可以防止肌肉萎缩、关节僵硬，锻炼敏捷性和适应性。每周进行一次，每次 1 小时。任何方式都可以，如扩胸、伸展、转体运动等。

宜

1. 冬瓜

富含丰富的维生素C，经常食用，可以有效抵抗初期皱纹的生成，令肌肤柔嫩光滑。

2. 圆白菜

含有丰富的维生素C、维生素E、β-胡萝卜素等，总的维生素含量比番茄多出3倍，具有很强的抗衰老功效。

3. 胡萝卜

富含维生素A和胡萝卜素。维生素A可使头发保持光泽。胡萝卜素可清除致人衰老的自由基。另外，胡萝卜所含的B族维生素和维生素C等招牌营养素也有润皮肤、抗衰老的作用。

4. 香菜

富含营养素，其中维生素C含量为番茄的2.5倍，胡萝卜素含量为番茄的2.1倍，维生素E含量为番茄的1.4倍，矿物质含量更远胜于番茄，如铁为番茄的7.3倍，锌和硒为番茄的3.5倍等。生食香菜可帮助改善代谢，有利于减肥美容。

5. 传球运动

需3人以上，由慢渐快地传球，可以锻炼对外界事物的反应能力，要求每天锻炼10~15分钟。

小妙招

1. 一个西红柿或是一个苹果

在所有的水果和蔬菜中，西红柿是维生素含量最高的一种，苹果中的维生素C含量也很高，因此，想要留住年轻漂亮的容颜，应该记得每天吃一个西红柿或吃一个苹果。

2. 醋水洗脸洗手

醋是很好的美容材料。只是有时候被忽略了。除了每天使用你的护肤品外，要记得在洗手洗脸时，在水中加点醋，可以使肌肤嫩白柔滑。每天坚持醋水洗脸洗手，能起到很好的排毒养颜作用。

3. 每天一杯酸奶

酸奶有很多美容功效，能美白、收缩毛孔、去除皱纹抗衰老。每天一杯酸奶，肌肤就会像牛奶柔嫩、细腻，还呈现年轻状态呢。

4. 早上一杯豆浆

女人一到中年，雌激素开始减退，钙质就会加速流失，肌肤也会慢慢地衰老。所以，女人应该每天喝一杯豆浆，补充体内的雌激素，减缓肌肤的衰老速度。

5. 早晚两杯白开水

水分是人体和肌肤健康的保障。随着年龄的增长，肌肤中水分不断流失，很容易出皱纹。所以，早上一杯水，既清肠胃，还有效补水，加速新陈代谢，延缓衰老。

忌

1. 腌制食品

　　腌制食品中的食盐转化成亚硝酸盐，它在体内酶的催化作用下，易与体内的各类物质作用生成亚胺类的致癌物质，人吃多了易患癌症，并促使人体早衰。

2. 酒精饮料

　　经常饮酒，会使肝脏因酒精中毒而发炎肿大，导致男性精子畸形、性功能衰退等；女性则会出现月经不调、性欲减退等早衰现象。

3. 过氧脂质

　　过氧脂质是一种不饱和脂肪酸的过氧化物。研究人员发现，过氧脂质进入人体后，会对人体内的酸系统以及维生素等产生极大破坏作用，并加速促人衰老。

4. 霉变食物

　　粮食、油类、花生、豆类、肉类、鱼类等发生霉变时，会产生大量的病菌和黄曲霉素。这些发霉物一旦被人食用后，轻则发生腹泻、呕吐、头昏、眼花、烦躁、肠炎、听力下降和全身无力等症状，重则可致癌致畸，并促使人早衰。

5. 高温油烟

　　食用油在高温的催化下，会释放出含有丁二烯成分的烟雾，而长期大量吸入这种物质不仅会改变人的遗传免疫功能，而且易患肺癌。

如何看待死亡

温馨提示

现阶段由于自身、家庭、社会等因素的影响以及相关教育的缺失,很多老年人不能正确看待死亡,甚至草率地对待死亡,这严重影响了老年人的晚年生活,同时也不利于和谐社会的构建。

宜

1. 认识到死亡是一个必然的过程

老年人很容易感受到自己的生存时间已经十分有限了,特别是患病的老年人。既然死亡对任何人不能例外,老年人还是应该从心理上为死亡做好充分的准备,从容不迫地面对死亡。

2. 消除恐惧心理

世界上万事万物都有兴衰的历程,人生亦不例外。人死之后,感知觉自然就会终止,疾病所带来的痛苦也不再延续,更不存在所谓的"死亡世界",不必为了解"死后是什么样的"而恐惧。

老年人对待死亡的心理表现主要有以下几种:

1. 理智型

当意识到死亡即将来临时,这类老年人能从容地面对死亡,并在临终前安排好自己的工作、家庭事务及后事。这类老年人一般文化程度比较高,心理成熟程度也比较高。他们能比较镇定地对待死亡,能意识到自己的死亡对配偶、孩子和朋友是最大的生活事件,因而尽量避免给亲友带来太多的痛苦和影响。往往在精神还好时,就写好遗嘱。

2. 积极应对型

这类老年人有强烈的生存意识,能用顽强的意志与病魔做斗争,忍受着病痛的折磨和诊治带来的痛苦,寻找各种治疗方法以赢得生机。这类老年人大多属低龄老人,还有很强的毅力。

3. 接受型

这类老年人分为两种，一种是无可奈何地接受死亡的事实，如在农村，有些老年人一到60岁，子女就开始为其做后事准备，他们无可奈何地接受。另一种老年人把此事看得很正常，多数是信仰某一种宗教，认为死亡是到天国去，是到另一个世界去。因此，自己要亲自过问后事准备情况。

4. 恐惧型

有些老年人极端害怕死亡，十分留恋人生。这类老年人一般都有较好的社会地位、经济条件和良好的家庭关系。他们指望着能在老年享受天伦之乐。这一类老年人往往不惜代价，全神贯注于自己机体的功能上，如服用一些滋补、保健药品。

5. 解脱型

此类老年人有着极大的生理、心理问题。可能是家境穷困、衣食无着，或者受尽子女虐待，或者身患绝症、病魔缠身极度痛苦。他们对生活已毫无兴趣，觉得活着是一种痛苦，因而希望早些了结人生。

6. 无所谓型

有的老年人不理会死亡，对死亡持无所谓的态度。

小妙招

积极治疗，减轻痛苦

临终之人，通常是疾病缠身，许多器官功能丧失，饮食无味，还得忍受疼痛，生趣全无，甚至大小便失禁，十分狼狈；面临死亡，心中充满恐惧、焦虑，时而神志不清，甚至产生幻觉。此时，亲属应积极为其延医治疗，请专人服侍其饮食、起卧、清洁等，同时最好请患者所尊敬、喜爱的人前来探视、劝慰，令其高兴，以减轻其身心痛苦。

忌

老年人年老以后，要为后事做好安排，尤其是子女多、财产多的老年人更应该提早做好安排，避免因财产问题引发家庭矛盾。

如何交友

> 美国哈佛大学的研究结果表明：社交频繁的人与社交少的人相比，记忆力下降的速度后者比前者快两倍。利萨·伯克曼博士指出，社交能改善记忆力的减退，社交越频繁，发生记忆力减退的几率越低。

宜

1. 老年人需要交益友，不交损友

交一些能够理解自己、支持自己、胸怀大度的朋友，经常互相走访，对于活跃晚年生活、和谐夫妻关系都有好处。而一些到处传闲话、只知索取不知付出的朋友，不如不交。

2. 老年人的夫妻关系也需要经营

当老年人不把老伴当做唯一依赖时，也就间接地经营好了夫妻关系。有时候老年人可以和老伴共同出外访友，这对于老年人心情的提升很有好处，也利于夫妻之间多一些共同语言。

1. 聚会

聚会是一种多点式的立体交往，可以以自己为圆心，以一点对多点向外辐射。老年人可以以各种由头，把相识或不相识的人吸引到一起，形成一个现场交往平台。

2. 串门

串门对老年人来说是日常生活中不可缺少的交往方式。通过登门拜访，既可以满足对方被重视的心理需求，同时又是一种非常生活化的交往形式，富有亲切感。串门要讲究方法。比如出访前事先与对方进行电话约定，让对方有个准备，不要贸然登门，以免打乱主人的安排；在交谈和倾诉时，尽量不要把坏情绪带给对方，给对方造成负面的心理压力，也不要漫无边际地聊个没完，要控制时间和登门节奏。

3. 打电话，发短信

老年人在家给亲朋好友打个电话，发个短信，问候或倾诉，足不出户就可以使交往得以实现。有时一声亲切的问候，一次贴心的交谈，可以使整个人的心境好起来。

但是，打电话也要注意一些细节问题：控制通话时间，不要说个没完；聊彼此感兴趣的事；不要在别人休息的时候打电话；不要每天只和同一个人进行电话交流。

4. 网上冲浪

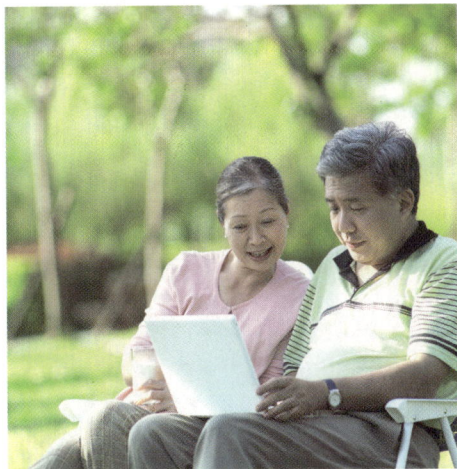

老年人上网聊天可以打破年龄、地域的限制，结交天南地北的朋友，进行海阔天空的畅谈，生活中不能够倾诉的喜怒哀乐可对网友一吐为快，这样一方面能抵御各种不良情绪，消除衰老恐慌、孤独恐慌和本领恐慌。另一方面，老年人用键盘打字，动手动脑，能够保持大脑活力，延缓和抑制大脑衰老，使老年人更加健康长寿。老年人上网要控制时间，注意休息。

忌

1. 大门不出，二门不入

做儿女的需要理解老年人的心理，支持父母多往外走，多交好朋友，而不要以为这是老年人不安分守己。毕竟，朋友多了，对老年人的情绪调节有好处，儿女的负担也会变小。

2. 无处发泄情绪

找好情绪发泄的出口。人的情绪都是需要出口来发泄的，老年人也不例外。如果老年人能有一些朋友整天说说笑笑，相当于分散了老年人的心理需求，对老伴的苛求自然就会减少，夫妻关系也就会变好。

忘年交

年轻人具有精力充沛、思想活跃、富有开拓精神等特点，有些老年人所缺少的正好就是这些。由于受年龄老化、体虚力衰、记忆减退、行动不便等影响，老年人容易发生精神萎靡、生活懒散、畏缩不前、保守闭锁等情况。与年轻人交友，好像在沉闷阴暗的屋子里开了一扇窗子，让阳光和新鲜空气进入室内，老年人的心理状态也会重新活跃起来，以朝气代替暮气，心理年龄减小，做到人老心不老，恢复青春活力。

休闲娱乐篇

比较适合中老年人看的电影

时下，越来越多的中老年人也爱上了"去电影院看大片"这种休闲方式。研究表明，老年人看电影是积极心态的象征，值得提倡。

宜

并非所有电影都适合老年人。温情脉脉的片子最好，比如《导盲犬小Q》；现实主义题材、生活气息浓厚的电影也适合老年人，如《唐山大地震》；而一些魔幻题材的电影，如《哈利·波特》系列，漫画英雄题材的电影，如《蜘蛛侠》、《变形金刚》等，很难引起老年人的共鸣。

以下几部电影比较适合老年人看：

1.《剃头匠》

在北京的胡同里，一位老人依然在走街串巷，几十年如一日地为他的老主顾们服务。眼看老主顾越来越少，剃头匠靖大爷开始感到了寂寞。于是，他开始悄悄地为自己准备后事。每天靖大爷照例清早出门，为安排好的老主顾逐个理发、剃头、刮脸、剪鼻须、放睡（按摩）。一边天南海北地聊天或打麻将……一天，他忽然昏倒在大街上，生命如灵魂出壳般离他而去，可是一切都还没安排妥当……

2.《聊聊》

甄六是位干休所的老将军，性格孤僻、行为乖张，儿子为他雇了一位网名叫"恰恰好"的女大学生陪他聊天解闷。"恰恰好"的到来勾起了甄六对往事的回忆。在朝鲜战场上，他爱上了一位美丽的女战士妞妞，后来妞妞作了战俘，回国后受到了不公正的待遇；再

后来听说她死了，一生未嫁……于是两个迥然不同的人走到了一起，发生了一连串分分合合、吵吵闹闹的有趣故事……

3.《我们俩》

一个孤独老人住了一辈子空荡荡的简陋四合院，在一个风雪交加的冬天，闯进来一个寻求住处的女孩，她的到来给这个空间带来变化，老人的生活开始有了戏剧色彩，在老人面前，这个女孩子是一个常犯规的人，老人有很多禁忌，让她每一步皆有障碍。时间一天天过去，两个人的关系似乎升华了，从互相排斥、警惕到互相关怀，产生友谊，到最后甚至有种要相依为命的感觉。

4.《七十好年华》

他和她年过七十才走到一起，因为深知相处的时光所剩无几，所以他们分外珍惜在一起的分分秒秒，比年轻的恋人更加恩爱甜蜜。七十岁是他们生命的又一个新的开始。他们一起吃饭、一起学习，有时也为一点鸡毛蒜皮的小事吵嘴，而他们对房事似乎比年轻人还热衷。有一天她病倒了，他费尽心思地照顾她，她感动得像小孩子一样哭了。待到她病愈后，两人唱起了《青春歌》……

小妙招

研究表明，老年人看电影是积极心态的象征，值得提倡。

首先，电影能排遣老年人自怨自艾的情绪。在光影交错中，和所有观影者同悲同喜，是很好的精神调剂。

其次，每个老年人都有很多故事，大银幕流动的一幕幕，恰能勾起老年人心中的感动。或许不足为外人道，只有电影才是宣泄的好出口。

此外，电影和时尚紧密相连，老年人看电影，是认识和接受最新时尚的较好手段。

忌

黑暗的环境会使眼压升高，有青光眼的老年人尽量少去电影院。有心脑血管病的老年人，不适合观看恐怖片、动作片。

181

比较适合中老年人读的书

温馨提示

　　老年人读书的目的不必很明确，也不必有什么负担，不求闻达，只求从书中寻到乐趣，达到赏心悦目的目的就行了。选择的读物应该以轻松的为主。读书的态度也不必太认真。老年人读书是解决消遣的需求，为求打发时间，因而采用"悦读"的态度就行了。

1.《写在人生边上》

　　这是钱钟书于20世纪40年代写的散文集。语言幽默，见解独到精辟，极富生活哲理，读来令人深思，是调适老年人心情、启悟人生的佳作。作者称，假如人生是一部大书，那么，这几篇散文只能算是写在人生边上的。

2.《德兰修女传：在爱中行走》

　　印度德兰修女穷其一生为那些贫穷的人和可怜的人奔波。1979年的诺贝尔和平奖授予了她，以表彰她"为克服贫穷所做的工作"。获奖后，她卖掉了奖章，并将19万美元奖金和卖奖章的钱全部捐赠给了贫民和麻风病患者。这本书是德兰修女的第一部中文传记，不仅真实还原了德兰修女善与爱的一生，而且为读者带来了许多亲切温暖的心灵感动。

3.《西藏生死书》

　　这本书向我们展示了一幅死亡旅程的指引地图，堪称生死学研究

的巨著。它告诉我们：可以把死亡看成是衣服穿破了必须换件新的一样，但我们不知道什么时候会死或怎么死。因此，在死亡真正来临之前，我们有必要做些准备工作。如果我们希望死得好，就必须学习如何活得好；如果我们希望死得安详，就必须在心中和日常生活中培养安详。

4.《人类的故事》

这是美国著名学者房龙的成名作，全球销售量达 10 万册以上。在本书中，作者用很小的篇幅展示了宏大的人类历史，从人性的角度描述历史，用生动的语言讲述艰深的内容，用普通的故事揭示人类的智慧，世界上许多国家和地方都把这本书当做最好的历史通史类入门书。

5.《与心对话：向活佛学放心》

嘎玛仁波切从亲身体悟出发，深入浅出地阐述了生命循环规律、人生要义和开启心灵智慧的方便法则：只要经常洗心、静心，就会顺心、安心，就会有积极快乐、圆满充实的人生通途。

6.《求医不如求己》系列

中里巴人根据自己对人体经络的切身理解和体会，认为治病不如防病，关注疾病不如关注健康。他结合自己的亲身感悟，写成了《求医不如求己》系列图书。作者告诉人们，对待自己的身体要像对待自己的孩子一样，疾病就是孩子的恶作剧，是孩子野性的一种宣泄，它是一种巨大的能量，完全可以转化为成长的动力等。

7.《如皋长寿方案》

作者通过实际调查和走访，对如皋地区一百多位长寿老人的饮食习惯、生活起居等方面进行全面、立体地分析、归纳，挖掘出了他们鲜为人知的养生秘诀，并在

宜

1."书能治病"

现代科学发现，求知既能医治"精神贫乏症"，还可以治疗不少慢性病。

2.读书是人生乐事

学习本身就是一种享受。读书乐学，不仅给我们带来了知识，更给我们带来了快乐。

3.读书思考有益于脑细胞新陈代谢

"流水不腐，户枢不蠹。"读书动脑能延缓大脑衰老。

4.读书乐，乐健康

人常说：笑一笑，十年少。读书是乐事，读书人会在心里发笑。

此基础上总结出一整套极具实用性的长寿方案。

8.《人体经络使用手册》

该书用通俗易懂的语言描述人体经络的各种保健作用，倡导通过刺激经络穴位来预防治疗疾病的养生手段，让每个人发现蕴藏在自己身体里的"医疗系统"，做自己的"主治医生"。

9.《幽默改变你的生活》

本书囊括了点石成金的幽默技巧、歪解曲意的幽默技巧、对比矛盾的幽默技巧、旁敲侧击的幽默技巧、反弹琵琶的幽默技巧、金蝉脱壳的幽默技巧、装傻痴言的幽默技巧、依样画瓢的幽默技巧、制造荒谬的幽默技巧等九类幽默技巧。只要我们坚持不懈，通过知识面的不断开拓、才智的不断训练，幽默感就会降临到我们的头上，我们就会成为幽默的创造者和传播者。

小妙招

读书疗法

读书疗法是让病人根据各自不同的情况阅读不同情感色彩的书，以解除他们的烦恼，淡化抑郁的情绪，调节人体免疫功能。尤其是一些神经系统及心理障碍的患者，用此方法取得了良好的效果。所以在适当的情况下选择读适当的书，不仅能排忧解难，而且会是一次愉快的旅行，一次心灵探索的历程。

忌

1. 光线太强或太弱

通常学生或年轻人的台灯用 25～40 瓦灯泡即可，而老年人所需照明度是年轻人的 3 倍，建议老年人最好使用不低于 60 瓦的台灯。

2. 照明不平衡

除了桌面的直接灯光外，还需附加室内环境的其他照明，屋子里多开一两盏灯，这就叫采用多光源照明。如果环境过暗，视线在阅读物与环境的明暗之间来回转换适应，容易引起视疲劳。

3. 读字小的书

老年人普遍视力偏差，小字或中字本图书读起来费力，有些人不用放大镜甚至根本无法阅读。因此，老年人最好读字大的书。

比较适合中老年人听的音乐

音乐具有刺激记忆力的强大作用。我们每个人都可能会有这样的体会：当听到或唱起多年以前的歌曲时，我们就自然地想起了很多往事。甚至一些早已忘记的生活琐事，会突然出现在脑海之中，历历在目，让我们心潮澎湃，唏嘘不已。这就是为什么很多人，特别是上了年纪的人钟爱老歌的原因。

1.《茉莉花》

茉莉花象征着纯洁和无私，具有中国文化的精神气质。曲调婉转抒情，柔情似水，给人以无限的联想。

2.《蓝色多瑙河》

根据施特劳斯的交响曲《蓝色多瑙河圆舞曲》改编。施特劳斯创作这首歌曲是受匈牙利诗人卡尔·贝克的一首诗的启发，这首诗的结尾写道："在那多瑙河边，在那美丽、蔚蓝色的多瑙河……"老年人欣赏这首轻音乐的时候，大多能从音乐的语言中想象出美丽的多瑙河，令人心旷神怡。

3.《天鹅》

根据柴可夫斯基的作品改编。该曲的旋律带有淡淡的忧伤，但意味无穷。听这首曲子，您能

宜

老年人如果能在晚餐后休息时，适当听些节奏舒缓、音色优美、悦耳动听的音乐，对消化非常有益。乐曲的选择应该因人而异。例如性格外向者，宜听欢快的歌曲，如《步步高》；性格内向者，宜听《二泉映月》。

美妙的音乐对人是一种良性刺激，使人体产生和谐的共振，并对整个中枢神经系统产生作用，从而对呼吸、循环、消化、泌尿、内分泌系统起到调节作用。

想象天使一般的天鹅在您的面前随着乐曲起舞，它向人间传递着福音。

4.《水边的阿狄丽娜》

原名为《致爱德琳的诗》，当年发行的磁带将它更名为《水边的阿狄丽娜》，钢琴王子理查德·克莱德曼将这首曲子演绎得委婉动人，很多乐队也把它改成轻音乐，风靡世界。

5.《雪绒花》

这是美国电影《音乐之声》中的一首插曲，曲调流畅，旋律优美，对老年人有荡涤灵魂、祛除心理恐慌的作用。

6.《绿袖子》

这是一首文艺复兴时期的民谣，也是英国伊利莎白女王时期的通俗歌曲，流传至今已有四百多年的历史，演奏版本众多。尽管它是一首描写忧伤爱情的歌曲，但很多人在听这首歌的时候，想象的层面却超越了爱情，还有人把它作为圣诞歌曲，足见其音乐的张力。

7.《德朗的微笑》

法国著名小号演奏家杰恩·克拉德波里莱演奏的版本，旋律悠长而略带惆怅，像夕阳下眺望着远处绵绵起伏的山峦，带给人遐想。杰恩·克拉德波里莱演绎的小号柔情万种，摇曳多姿，仿佛海风吹拂下的枝叶在婆娑起舞，情意绵绵。

8.《昨日重现》

这是一首流传深远的欧美经典歌曲，是电影《生命因你而动听》的插曲，因卡伦·卡蓬特的演绎而风靡世界。多支乐队把它改编成轻音乐，曲调深沉而委婉，流露出对往昔生活的深深回忆，散发着淡淡的忧伤，令人如痴

忌

1.过度疲劳

由于音乐能兴奋神经时间长则往往使人"乐而忘疲"造成过度疲劳。

2.跟着音乐做动作，幅度过大

中老年人在做各种动作时，尤其是迪斯科、健美操时，关节活动的幅度不要过大，以免造成关节韧带的损伤。

3.环境不佳

中老年人进行晨练时，应尽量避免在人群过密、音响过噪、光源反差过大的环境中进行，以免受空气、噪音和光源污染的损害。

如醉。

9.《梦中的婚礼》

曲子讲述了这样一个故事：在梦之国的边境，一堆篝火冉冉升起。望着远处高高的城堡，他又回想起过去的一切。这次回来，他不知道是对是错，但是，他却无法不回到梦之国。离开 6 年了，是该回来了，一颗流星划过天际，留下了一道炫目的光辉……

10.《康定情歌》

中国民歌，由多支乐队改编并演绎，女子十二乐坊用二胡将这首曲子演绎得欢快而深情，令人心潮起伏。这首家喻户晓的民歌每听一次都会有新的收获，值得细细品味。

11.《夏天最后一朵玫瑰》

古老的爱尔兰民歌。贝多芬和门德尔松都曾根据它的旋律写过改编曲。这首古老的西方民歌引起东方人的情感共鸣，在那舒展的旋律中，人们总会想起夏天那孤独而美丽的玫瑰所散发出的忧伤和凄美。

小妙招

听音乐不伤耳朵的小妙招

耳朵是人体重要的听觉器官。音乐又可以陶冶情操。那我们如何在享受音乐的同时又不伤害到耳朵呢？

1. 在安静环境下听音乐

声音嘈杂的外界环境，会不同程度地干扰听力。为了把音乐听得更清楚，人就会不由自主地调高音量，这加重了对耳朵的损伤。

2. 掌握 60/60 原则

听音乐时，音量不要超过最大音量的 60%，连续听音乐的时间不要超过 60 分钟。

比较适合中老年人跳的舞蹈

跳舞是一种美好的享受，是一项有益健康的运动。老年人跳舞要根据自身的生理特点，选择合适的形式。健美操、秧歌、交谊舞、暖身操等比较适合老年人。

宜

1. 患有心血管疾病者，跳舞易导致其血压升高；疝气、胃下垂、脱肛者可能因跳舞加重症状；患有耳源性眩晕、颈椎综合征等头晕的老年人，跳舞时常易摔倒，严重者可发生骨折；患有传染病的老年人更不要跳舞，以免传染他人，同时也影响自身康复。

2. "闻鸡起舞"要不得

冬天锻炼忌太早，建议等太阳出来后再跳舞。跳之前要先做 5 ~ 10 分钟简单的拉伸肌肉和韧带的准备活动，遵循先慢后快原则；跳 15 分钟应休息几分钟，总时间控制在 60 分钟左右。

3. 跳舞时最好穿运动鞋，硬底鞋容易滑倒。

健美操

健美操是融体操、舞蹈、音乐为一体，经过再创造，按照全面协调发展身体的要求，组编成操，在音乐伴奏下，达到增进健康、培养正确体态、塑造美的形体、陶冶美的情操的一种锻炼手段。健美操以娱乐与健身为目的，重在锻炼价值，要求难度低，重复次数多，使练习后轻松自如，达到再现自我的效果。

秧歌

秧歌舞，又称扭秧歌，历史悠久，是民间广场中独具一格的集体歌舞艺术。人数众多，舞者扮成历史故事、神话传说和现实生活中的人物边舞边走，随着鼓声节奏，善于变换各种队形。秧歌舞表演起来生动活泼，形式多样，红火热闹，规模宏大。

每逢重大节日，不同的村邻之间会扭起秧歌互相访拜，比歌赛舞。

交谊舞

起源于西方，自 16、17 世纪起，交谊舞已在欧洲各国成为一种普遍的社交活动，故有"世界语言"之称。到 20 世纪 20 年代以后，交谊舞在世界各地风行起来，所以又称它为"国际舞"。

小妙招

街舞、迪斯科或长达 2 小时以上的任何舞蹈，是老年朋友踩不得的"雷区"。因为老年人心肺功能减弱、血管弹性下降、血流阻力升高，过于剧烈的运动会加重心脏负担，造成供氧不足，尤其是高血压和心脏病患者，会导致心率和血压骤升，易发生不测。老年人可以选择节拍小于每分钟 100 步的舞蹈，如秧歌、健身舞、芭蕾、扇子舞等有氧、中等强度的舞蹈。在跳舞过程中，还要监控脉搏，最好在 100 ~ 120 次/分，切不可超过 130 次/分。

忌

1. 到人多拥挤的地方跳舞

应选择空气流通好、人员较少的地点跳舞。

2. 跳过于剧烈的舞

老年人心血管弹性较差，狂舞可使交感神经过度兴奋，导致呼吸加剧、心跳加快、血压骤升，可诱发或加剧心血管疾病。

3. 饱腹起舞

老年人消化机能差，饱腹跳舞会影响消化功能，导致胃肠道疾病的发生。

4. 骤然降温

跳舞可能使身体冒汗、口渴，此时，老年人不要随意脱衣，以防感冒。

比较适合中老年人学的乐器

　　调查显示，会乐器的人比不会乐器者有明显的听力优势，而随着年龄增长，二者的差距越来越明显。70岁前，大多会乐器者都能听懂嘈杂环境中的讲话，听力和50岁不会乐器的人相当。这一结果说明，会乐器至少将听力老化推迟20年。

宜

1. 学习手风琴好处多

　　手风琴演奏需要一些体力和精力，既锻炼了身体，又对延缓衰老很有帮助。

2. 葫芦丝入门容易

　　如果非常想学乐器，葫芦丝也不错，需要的气息在所有吹管乐器中相对较少，指法容易掌握，且入门容易，一般一个月可以学会几首曲子。吹葫芦丝用简谱，不需要过多的乐理知识。

　　钢琴是源自西洋古典音乐中的一种键盘乐器，由88个琴键和金属弦音板组成，普遍用于独奏、重奏、伴奏等演出，作曲和排练音乐十分方便。弹奏者通过按下键盘上的琴键，牵动钢琴里面包着绒毡的小木槌，继而敲击钢丝弦发出声音。钢琴被称为乐器之王。

　　手风琴是一种既能够独奏，又能伴奏的簧片乐器，不仅能够演奏单声部的优美旋律，还可以演奏多声部的乐曲，更可以如钢琴一样双手演奏丰富的和声。手风琴声音宏大，音色变化丰富，手指与风箱的巧妙结合，能够演奏出多种不同风格的乐曲，这是许多乐器无法比拟的；除了独立演奏外，也可参加重奏、合奏，可以说一架手风琴就是一个小型乐队。加之音高固定，易学易懂，

体积小，携带方便，因此，手风琴很适合不同年龄的演奏者自娱自乐。

二胡是中华民族乐器家族中主要的弓弦乐器（擦弦乐器）之一。唐朝便出现胡琴一词，当时将西方、北方各民族称为胡人，胡琴为西方、北方民族传入乐器的通称。至元朝之后，明清时期，胡琴成为擦弦乐器的通称。二胡形制为琴筒木制，筒一端蒙以蟒皮，张两根金属弦，定弦内外弦相隔纯五度，一般为内弦定 d1，外弦定 a1，其演奏手法十分丰富，左手有揉弦、自然泛音、人工泛音、颤音、垫指滑音、拨弦等，右手有顿弓、跳弓、颤弓、抛弓等。

忌

吹奏型乐器　　这类乐器不适合老年人：这类乐器需要靠气息通过笛管等引起震动，时间一长就会"伤气"，有损老年人的身体健康。

小妙招

瑞士学者研究发现，练习弹拨类乐器有助于老年人肢体协调，可减少生活中摔跤的几率。左右手交替轻、重、缓、急，恰到好处。手指与人体心脏、大脑神经密切相关，灵活地运用手指，能够很好地促进人体手指末梢神经的血液循环，心脏也进行了很好的有氧运动。

下棋益智

现代科学证明：长寿的秘诀在于运动。运动包括动、静两种，下棋就属于一种静的运动。对于老年人来说，由于腿脚不便，许多动态的运动不适合，但下棋却很适合老年人，便于开展。

宜

1. 久坐不动要得病

老年人由于身体比较弱，本来就容易患病，如果不多做运动，加强锻炼，长时间坐着不动弹，患病的几率就更大了。

2. 娱乐要控制情绪

老年人情绪激动，兴奋过头容易引发脑出血；久坐不动血液循环减缓，则会使心脏机能衰退，还会使骨盆和骶髂关节长时间负重，影响腹部和下肢血液循环，从而引发下肢静脉曲张等症。

老年人大多时间很充裕，下棋则可以成为一种有益的娱乐项目。老年人经常下棋，能锻炼思维、保持智力、防止脑细胞衰老。同时，也可增进友谊，加强往来，消除孤寂感，身心舒畅。因此，从某种意义上说，下棋也是一种健康的养生方式。

下棋对老年朋友的生活有哪些帮助呢？

1. 锻炼思维

人在下棋时，需要开动脑筋，能够对大脑产生有益的刺激，激活思维，使大脑进入高度活跃状态，使人的思维更具有逻辑性和敏捷性。老年人经常下棋，可使思维具有深刻性、广阔性、敏捷性、独立性、果断性，使思维向深层次发展。下棋既可以提高思维的速度和效率，又可以防止大脑功能过早衰竭，有益于延年益寿。

2. 充实生活

老年朋友无所事事，有时难免会感到无聊，但

是，当您专心于棋局之中，寂寞孤独之感就会烟消云散。随着兴趣的增加，还会逐渐开阔胸怀，真正体会人生的快乐和充实。

3. 调节情绪

下棋时，由于一心扑在棋局上，可使人忘记生活中的烦恼。下棋时棋我合一，既能转移注意力，振奋精神，又能排除杂念，放松身心。获胜时会有成就感、满足感、幸福感，愉快的情绪油然而生；失败时也会感到自己棋艺不足，告诫自己应向更高的棋艺水平努力。如此良性循环，情绪可在胜负中得到调节，胸襟可在胜负中得到开阔。

4. 修身养性

下棋时凝神、注目，时而沉思、言笑，表情多姿，趣味横生。尤其是紧张的用脑可引起中枢神经系统、呼吸系统和内分泌系统的反应，使心脏活动发生变化，进而促进周身血液循环，强心健体。

5. 结交朋友

老年人可以通过下棋结交朋友，增进友谊。促进朋友交往，减少寂寞感，提高生活乐趣，使人心情愉快，精神有所寄托，从而有益于身心健康。

小妙招

博弈健脑

下棋、打牌等博弈活动有健脑作用，这一现象值得研究。人的大脑也遵循着"用进废退"的原则。日本科学家发现，脑力劳动者的大脑动脉管径粗大，血流量多，能提供更多的营养和氧气以保证脑细胞的能量需求；瑞士科学家发现，经过训练的脑细胞内核糖核酸的含量可增加10个百分点，线粒体体积大，数量也多，规律的脑力劳动有健脑益寿的作用。

忌

1. 饭后立即下棋

饭后立即下棋使脑部供血量增加，影响胃部供血量，继而影响老年人消化系统的功能。

2. 下棋不分场所

老年人下棋，经常是街边席地而坐，长此以往会引发呼吸系统疾病。

3. 边吃东西边下棋

病从口入，容易感染各种肠道疾病。

读书实在妙

研究表明，人对外界事物做出反应的速度快慢，决定人寿命的长短。就过早死亡的可能性而言，反应迟钝的人比反应迅速的人高出 2 倍多。读书看报有利于健脑、防衰老，使大脑的衰老速度减慢。研究还发现，不读书、不常动脑的老年人，患上老年痴呆症的几率要比经常读书、经常进行脑力活动的老年人高 2.6 倍。

宜

1.丰富头脑，开阔眼界，与时俱进

退休以后，参加外界活动不多，交流机会减少，不免信息闭塞，经常读书、看报、听广播、看新闻，"秀才不出门，全知天下事"。

2.以书会友

人到老年，最痛苦的是精神空虚，一首好诗，一本好书，一篇好文章，胜过无数人情世故，悠哉乐哉。

老年朋友读书时需要注意哪些呢？

1. 老年人必须从自己的思想出发

从自己思想实际出发，人贵有自知之明，量力而行。看自己愿意看的，喜欢看的。因为读书可增长知识，加强自身修养，读书可使大脑经常活动，有益健康。

2. 有的书只看头尾，有的书掐头去尾只看中间，五分钟决定取舍

"随便翻翻"，"或者看一遍序目，或者读几页内容"。不用心，不费力，拿来做消遣。

3. 读名人的书，读经典的书，读好书，读篇幅短的书

老年人体力精力有限，视力也有所减弱，

所以要用有限的精力和时间有所选择地读些名人的书、经典书、好书、篇幅短的书。

4. 别光读还要写一写

有兴趣时可写写读书心得、体会,对事物的看法、观点,日常所见、所闻、所思,都可以写,哪怕是写短短的几句话也可以。其目的是活动活动大脑,练练写作,日积月累,总会有进步、有收获的。

小妙招

春暖花开,沐浴融融春光,吟诵绝妙好词,欣赏风华文章,心旷神怡;

夏日炎炎,气温虽然高热,读几则美文,念几首好诗,颊齿流芳,渗入心房,绝胜瓜果解暑;

秋夜月朗风清,品一壶美酒,读一卷经书,常有"悠然见南山"的禅语;

冬日白雪纷纷,卧读传奇小说,管窥世事,感慨人生,心驰神往,不知人岁几何,更是得意忘形。

一年四季,有书相伴,物质生活不愁,心情愉悦,颐养天年。

忌

1. 不坚持经常读书

天天读书,养成读书的习惯。因为读书可增长知识,加强自身修养,读书可使大脑经常活动,有益健康,所以要经常读书,天天读书。

2. 跟风读书

要读自己感兴趣的书,不要跟风读书,这样才有益于身心健康,提高读书兴趣,利于坚持读书习惯的养成。

绘画有益

温馨提示

> 绘画是一项很好的体育锻炼，腕力、臂力、指力都能得到充分的锻炼。研究表明，手腕、手指得到充分的锻炼可以健脑，腰腿得到锻炼可以减少腰腿疾病，延缓衰老。

1. 绘画是老有所学、老有所乐的事

老年人参加书画活动可以满足自己的兴趣爱好，自然感到非常快乐。而当学有所得，增长了知识技能后，乐趣也随之增加。

2. 绘画可以陶冶性情，修养身心

一般来说，老年人参加书画活动首先要学习有关的知识，而学习就要专心，平心静气地思考和记忆，这有利于养心。要思考画什么，怎么布局，用什么色彩等。在绘画的过程中，需要耐心细致，这就锻炼了人的意志、毅力和耐性，有利于陶冶性情。在绘画的过程中，总是要专心致志，排除杂念，全神贯注，那就无暇去考虑自己的荣辱得失，不去怀疑自己有病，把烦恼的事情抛于脑后，有利于心理健康，是修心之道，亦是养生之道。一个人心理健康了，不良的性格也会得到改变。

3. 绘画有利于沟通，愉悦身心

老年人在参加书画活动中，互相研究讨论，取长补短，通过交流得到启发，产生创作灵感，或者疑难问题得到解决，心情就会特别舒畅，这有利于防止抑郁症的发生。当一件作品创作出来，自我欣赏的时候是快乐的，把作品拿出来让别人欣赏，如果得到别人的肯定或赞扬，那种成就感更令人感到快乐。如果有人诚恳地给自己的作品指出不足，

自己得到了启发，认识有所顿悟，那种豁然开朗的感觉，也是其乐无穷的。在相互交流的时候，细心地观赏他人的作品，寄情于笔墨中，也是一件愉悦身心的好事。

4.绘画是健体健脑、减少患病的一种活动

无论是学习时思考记忆，还是创作时综合运用，书画活动都要用脑，写字或者作画都是身手多种动作配合才能完成，还要有体力的支持，所以这是一种体力和脑力结合的活动，是健体健脑的活动。心情有所寄托就会感到愉快，心情愉快心理就健康，身体也就健康，这是长寿之道。

小妙招

摩西奶奶效应

摩西奶奶是美国弗吉尼亚州的一位农妇，76岁时因关节炎放弃农活，在这段时间她发现了自己惊人的艺术天才，并开始了她梦寐以求的绘画历程。80岁时，摩西奶奶到纽约举办画展，引起了轰动。她活了101岁，一生留下绘画作品600余幅，在生命的最后一年还画了40多幅。

摩西奶奶常说的一句话是：你心里想做什么，就大胆地去做吧！不要管自己的年龄有多大、现在的生活状况如何。因为，你想做什么和你能否取得成功，与这些没有什么关系。

宜

1. 持之以恒，具有刻苦钻研精神

要想写好字，画好画，绝非一朝一夕之功，要有长期苦练的精神。因此老年癫痫（羊角风）患者平时练练书法，写写毛笔字，绘绘画，不但能够增强文化素养，而且还可以锻炼意志和毅力，为癫痫（羊角风）病的长期治疗打下了坚实的基础。

2. 老年人在画画时，脑、眼、手同时进行，由大脑来总体控制支配，协调工作，通过画画刺激大脑，有助于预防老年痴呆症。

3. 多看画展

色彩的刺激也会增强大脑的活跃度。但要因人而异，有些老年人的眼睛对过于鲜艳的颜色可能会不适应，建议可看一些色彩淡雅的山水画展。

忌

1. 画画时间过长

有些老年人非常喜欢画画，一画起来就忘了时间。这是不好的。要合理安排作画时间，劳逸结合。

音乐移情又养生

音乐疗法作为一种辅助医疗手段，对慢性疾病的康复有一定效果。音乐治疗的对象包括心理疾病、亚健康和脑血管意外等三类患者群体。

宜

1. 美妙的音乐，使人体产生和谐的共振，通过中枢神经系统，促进血液循环，增强心脑肝肾功能，增加胃肠蠕动和消化腺体分泌，有利于新陈代谢。

2. 听流行音乐，老年人只要选择你能听得入耳的，就都可以静下心欣赏一下，体会年轻人的生活、年轻人的快乐，拉近与年轻人的距离。

3. 老年人在运动中听音乐有很多好处。音乐通过音响和旋律的变化来激发欣赏者的情感，可以有效地改善心理状态；音乐具有调节人体节律的作用。悠扬悦耳的乐曲和旋律，对神经系统是个良好的刺激。

某些音乐特有的旋律与节奏能使人的血压降低，基础代谢和呼吸的速度减慢，使人在受到压力时所产生的生理反应较为温和。

音乐的治疗功能，是透过音乐的物理作用，直接对体内器官产生共振。因为声音是一种振动，而人体本身也是由许多振动系统构成的，如心脏的跳动、胃肠的蠕动、脑波的波动等。当音乐产生的振动与体内器官产生共振时，人体分泌一种生理活性物质，调节血液流动和神经，让人富有活力、朝气蓬勃。

音乐具有主动的、积极的功能，是提升创造、思考，使右脑灵活的方法，并且能引导出重要的 α 脑波。特有的音乐节奏与旋律，能够使我们平常较常用的主管语言、分析、推理的左脑得到休息；相对地，对掌管情绪、主司创造力、想象力的右脑则有刺激作用，

对创造力、信息吸收力等潜在能力的提升有很强的效果。

音乐可以用来促进病人的睡眠。失眠患者聆听适合的音乐，确实可减少安眠药及镇静剂的使用。音乐的节奏会影响人体的荷尔蒙分泌，使老年人的新肾上腺素有明显的增加。

好的音乐都有一个共同点：节拍略等于人类心跳的速率。节奏太快或太慢的音乐都不好：节奏太快会让人紧张，节奏太慢则会令人产生悬疑感。

忌

1. 节奏过快

   老年人应选择节奏缓慢的音乐。

2. 时间过长

   老年人听音乐的时间不宜过长，否则容易对听力造成损害。

小妙招

对于不同的病人，音乐治疗的方式也不同。

1. 高血压患者每天坚持听半小时节奏均匀的古典音乐，其血压明显降低。

2. 音乐疗法治疗失眠在临床上已经有很多年的历史。其中以小提琴、钢琴独奏曲效果较明显。当然，一些久负盛名的催眠曲，如《催眠曲》、《摇篮曲》、《仲夏夜之梦》等也非常合适。一般是选择晚上睡前2~3小时进行，每次时间为30~60分钟，音量不要过大，以舒适为度，应掌握在70分贝以下。

3. 记忆力衰退的病人最好听熟悉的音乐，熟悉的音乐往往与过去难忘的生活片段紧密相连。

养花的好处

人们常说"常在花间走，活到九十九"，这句养生谚语不无道理。研究发现，园林工作者平均寿命比一般人要长，且很少得癌症。由此证明，花卉除了给人以视觉的享受，带给我们很多的快乐外，或浓或淡的花香还是一剂保健良药，有怡情、醒脑、安神和祛病的功效。

1. 养花的益处

（1）室内养花可以环保居室，清新空气

有些花卉可以吸收空气中的污染物，使室内空气清新。如吊兰可以清除空气中的甲醛和苯；文竹和马蹄莲可以吸收空气中的二氧化硫；月季可以吸收空气中的氯气。

（2）养花可以改善人的情绪，使心情平静

情绪的健康是快乐生活的关键，也是促进人身体健康的间接条件。花卉可以使人心情舒畅，情绪稳定，有助于平复焦躁、愤怒等情绪。绿色让人感到平静、舒适，粉色代表青春活力，使人心境开朗。

（3）陶冶情操，激发人对生命的珍爱和对美好生活的向往

室内种养的花卉可以创造一种自然的环境和氛围，增加生活的诗情画意，对人的精神有很好的保健作用。

（4）经常从事园艺劳动的人较少得病

花草树木生长之处空气清新，负离子大量积累，人吸入后可获得充足的氧气。同时，经常忙于种植、培土、灌水、收获，易忘却其他

不愉快的事，可以调节机体神经系统的功能，有利于防病。老年人以花为伴，会心情愉快，身强力壮，延年益寿。

2. 花的具体功效

（1）玫瑰花抗衰养颜

玫瑰花含有一种营养和保健价值很高的特殊精油，可以增强抵抗力、保健养颜、延缓衰老。玫瑰花可用来泡茶、泡酒、熬粥。玫瑰花茶具有止痛和软化心脑血管的功效，还能帮助新陈代谢。

（2）仙人掌缓解糖尿病

仙人掌有润肠通便、消食健胃的功效和抑菌抗炎的作用，在传统的医疗法当中，以仙人掌外用治疗疗、疮、肿毒、蚊虫叮咬等；仙人掌还有延年益寿、防癌抗癌、预防感冒、降低血糖、净化空气等功效。患有糖尿病、动脉硬化的老年人，可选择种植仙人掌。

（3）百合花既营养又润肺

肺功能不好的老人，可栽种百合花。百合花的茎与花都可做成菜肴食用，还可入药。做前先在热水里焯一下，然后再进行热炒，也可凉拌。百合花很有营养价值，老年人食用后，既可提高身体的抵抗力，又可起到保健、镇咳、润肺的功效。

（4）金银花和菊花清热解毒

患有慢性咽喉炎的老年人可以种些金银花。夏初含苞欲放时摘取花蕾，洗净泡饮，香

宜

1. 小心误服伤人

夹竹桃在它的树皮、枝、叶中都含有夹竹桃苷。误食后出现恶心、呕吐、烦躁等症状，严重者可致死亡。

误食万年青、马蹄莲后可致口腔、咽喉、食道、胃肠黏膜等灼伤，甚至损伤声带，导致失声。

误食一品红后可引起腹痛、恶心、呕吐、腹泻等症状。

马蹄莲的叶子里含有天门冬素等有毒物质，与人体皮肤接触可引起皮炎、瘙痒。

含羞草内有一种羞草素，若长期接触可引起头发、眉毛脱落。

水仙花的葱头鳞茎内含有秋水仙碱等毒素，人接触后可引起过敏。

2. 当心香味伤人

丁香牡丹的花香味中含有毒素，若长时间地吸入这种香味，就可使人精神萎靡，气喘乏力。因此，不宜将丁香牡丹放在室内，更不能搬进卧室，以免引起中毒；松柏类的花卉，久嗅会影响食欲；兰花、百合花的香味，可使人兴奋；茉莉花香能使人头痛。

忌

1. 漫不经心

花卉和人一样，是有生命的，需要细心呵护。不少养花者对待这些美丽的生命缺乏应有的细心和勤勉的态度。

2. 爱之过殷

与上述情形相反，有些养花者对花卉爱过了头，一时不摆弄就手痒。有的浇水施肥毫无规律，想起来就浇水和施肥，使花卉过涝过肥而死；有的随便把花盆搬来搬去，一天能挪好几个地方，搞得花卉不得不频频适应环境，打乱了花卉正常的生长规律。

3. 追名逐利

一些花卉爱好者认为养花就要养名花，因为名花观赏价值高，市场获利大。在这种心理支配下，他们不惜重金，四处求购名花名木。结果往往是因为缺乏良好的养护条件和管理技术，使花儿买来不久即夭折，既作践了名贵花卉，又浪费了钱财，这是一种观念上的错误。

味扑鼻，清香宜人。金银花有显著的清热祛暑、消炎杀菌和利尿的作用，可治喉咙肿痛。金银花性甘、寒，久服败胃，脾胃虚弱者忌服。

（5）玉兰花和梅花可驱风寒

玉兰花具有安神开窍、强心补肾、补脾健胃、增强免疫力、预防癌症等功效。梅花化痰、解毒，可御风寒。玉兰花、梅花性微酸涩，有温肺止咳、疏风散热等功效，对治疗感冒、鼻塞、咽喉肿痛等有很好的疗效。

（6）牡丹活血化瘀

牡丹美容养颜，去黄褐斑，延缓衰老。患有心血管疾病的老年人，可种牡丹。食用牡丹，可起到调节经血、活血化瘀之效。

（7）茉莉花镇痛

茉莉花抗菌，平喘，强心益肝，降低血压，补肾壮精，抗癌，舒筋活血。茉莉花香气宜人，一盆在室，满屋飘香。它有镇痛的功能，花能清热解表，可治感冒发热、腹痛等。

小妙招

米兰和茉莉花香袭人、枝叶翠绿，是大部分老年人比较喜欢种植的花卉，其花朵可用来泡茶。米兰的枝叶还可治疗跌打损伤，茉莉的花叶可入药，对治疗感冒、肠炎等具有一定的作用。

养鸟好处多

鸟类是人类的朋友，是天空中的精灵。很多鸟类羽毛艳丽、鸣声清脆悦耳，不仅可以美化人的生活，而且能够让人心情舒畅，尤其对于生活孤独的老年人，养鸟更加具有特殊的作用。

1. 养鸟健体又益智

养鸟的老年人为了给自己的爱鸟买一只合适的鸟笼而到处转悠、精心挑选，会耐心、细致地配制鸟食，并且会在特定的时间里拎着鸟笼到环境清静、幽雅的地方去遛鸟，整个人都处在一种活动的状态中，拎着鸟笼遛鸟的过程，既锻炼了他们的体力，起到健体的作用，又有益智的效果，促进大脑活动。

2. 养鸟愉悦身心

观看小鸟美丽的羽毛，听它们动听的歌唱，会给人带来喜悦的心情。尤其是老年人，当看到自己费尽心思喂养、训练的小鸟可爱、懂事又听话的时候，他们会产生一种强烈的满足感，这对于老年人精神健康极有好处。会激发起他们对自然和生活的热爱，对于老年人的怡情、养生、愉悦精神都有很大益处。

宜

1. 鸟笼最好挂在通风的地方

鸟体是某些致病菌和病毒生长繁殖的温床，养鸟者在与带病菌鸟接触的过程中，很容易吸入引起疾病的病原体，使人发生感染。

养鸟应有一定的环境条件，鸟笼要挂在通风良好的地方，老年人如果养鸟，一定要每天清扫鸟笼、鸟棚，及时清理粪便，以保持其干燥清洁；清扫时应戴上口罩和手套。

2. 每次赏鸟玩鸟的时间不宜太长

患病者暂时不要玩鸟和喂鸟。为防止"养鸟病"，老年人在每次接触鸟类后，要立即用肥皂或洗手液仔细洗手。

忌

小鸟清理自身羽毛时，会拍打翅膀，羽毛里藏着的粉尘、绒毛、寄生虫等就会四处飞扬，易诱发各种疾病，如鼻炎、哮喘、支气管炎、过敏性疾病、间质性肺炎等。如果家有老人、小孩以及抵抗力低下的病人，还有可能由于长期的病原刺激，引起慢性支气管炎等迁延不愈的慢性病。

某些鸟类还容易引发特定的疾病，如"鹦鹉热"，就是一种由鹦鹉热衣原体引起并由鹦鹉等鸟类传播的传染性非典型性肺炎。这种鹦鹉热衣原体存在于鹦鹉、金丝雀等鸟类的羽毛与粪便中，人如果吸入这些鸟类的羽毛或粪便的尘埃，就容易发病。

3. 养鸟充实生活，消除孤独

把小鸟当做宠物养在家里可以充实老年人的生活，让他们寂寞、枯燥的老年生活充满乐趣，从而也可以消除孤独感。老年人茶余饭后遛遛鸟或逗逗鸟，教它们说话或者训练它们学一些本事，既是对自己的一种考验和挑战，也是一种娱乐和消遣，这会带给老年人极大的生活热情，振奋老年人的精神，让他们充满活力，有助于身心健康。

4. 以鸟会友，扩大交际圈子

老年人由于身体或其他方面的原因往往长时间待在家里不出去，也不参加社会活动，缩小了交际的圈子，对身心健康都不利。通过养鸟、遛鸟，老年人可以跟有共同爱好的同龄人交流心得，交流对养鸟的认识和了解，不仅可以增长知识，还可以扩大交际圈，使自己重新回到社会集体中去，对身心健康都有帮助。

小妙招

以鸟为伴，可以排除孤独感。许多老年人喜欢养鸟，每天清早手提鸟笼，来到路边的花坛，放下鸟笼，一边欣赏美丽的鲜花，呼吸着清新的空气，一边谈天说地，倾听着各种鸟儿的歌唱，真是难得的享受！老年人每天提鸟笼散步，对两手、双臂、下肢以至全身，都是很好的运动，能促进全身的血液循环，使新陈代谢加快，恢复和增强老年人的心肺功能。

垂钓养心

垂钓是一项很好的有益于健康长寿的户外运动。旷野的万千变化，荷塘的芙蓉花香，野草的阵阵芬芳，沁人肺腑的清新空气，柔和的阳光等，对人的身体大有好处。即使是骄阳似火的夏天，也是可以垂钓的，并且能锻炼人同大自然斗争的意志和勇气。

1. 从垂钓的姿势上看

垂钓者时而站立，时而坐蹲，时而走动，时而振臂投竿，静中有动，动中有静。静时可以存养元气，松弛肌肉，聚积精力；动时可以舒筋活血，按摩内脏，产生抗力。动静结合，刚柔相济，运动量又不大，是非常适合老年人的体育活动项目。

2. 精神上的作用

垂钓是一种抵抗疾病的精神疗法。垂钓者看到鱼咬钩时会产生极大的满足感和成就感，心情非常舒畅。垂钓时，垂钓者注意力集中，目视浮漂全神贯注，进入一种入定的状态，这样可以放松身心、陶冶性情、延缓衰老，对于神经衰弱或年老体弱的人更加有利。

宜

1. 要选择适宜的环境
   空气新鲜，温度适宜，出入方便。
2. 渔具适用
   手竿较轻，竿架易于插立，浮漂醒目，调漂时略多露出水面，以便识别鱼的动态。
3. 板凳或坐椅高矮适当
   带有遮阳伞具、饮用水，并备有适当食物。
4. 控制垂钓时间与次数
   不可流连忘返，过于疲劳。
5. 有慢性病者，应携带应急药物。

3. 生理上的作用

钓鱼通常是在郊区的湖泊、水库、内河或养鱼塘进行。郊野空气新鲜，视野开阔，环境幽静能饱览大自然的美好景色，使人心旷神怡。同时有益于改善人的呼吸功能，调节神经系统。

忌

1. 单人出钓

   应结伴而行。

2. 冒险上冰

   冰厚而不实，上冰落水的情况年年都有发生。不可根据自己的经验，强行上冰。应待冰的厚度足够之后再上冰。

小妙招

疗疾垂钓两不误——预防颈椎病、肩周炎有妙招

到达水边打窝后，利用发窝前的 10 分钟，先在水边做一遍"八段锦"，然后用两手交叉拍打肩膀，最好能拍打到肩脚区（左手拍打右肩，右手拍打左肩），一左一右为一次，至少拍打 50 次。开始的时候，由于疼痛，手臂抬不高，须忍点疼痛，尽可能拍打，暂时不能拍打，则尽可能向上左右摸摸也可，一周即可见效。见效后每日在垂钓前坚持拍打，疾病就能不治而愈。但要注意拍打双肩时，应由轻渐重，不可使蛮劲。锻炼后（通常 5～6 分钟）正好发窝，轻轻松松地坐下垂钓，上鱼率又高，又增添了另一份乐趣，棒极了！

养宠物须知

随着家庭结构的变化，很多老年人独自在家，不时会感到寂寞，心理上很难接受。所以，宠物走进了家庭，走进了老人的生活。有宠物相伴的老年人无论在身体健康度、生活满意度等方面都要高于没有宠物陪伴的老年人，养宠物的老年人对生活的整体满意度和幸福感更高，从而更容易激发并保持内在的生命力与活力。

1. 宠物可给老年人带来满足感

研究发现，3/4 的宠物主人说宠物让他们感到轻松，给他们带来满足感。因为老年人的亲情、友情和渴望都可在与宠物的相处中得到满足。在缺乏亲人相伴时，宠物成为老年人的感情依托，这有助于老年人的生理和心理健康。

2. 宠物让老年人更长寿

专家发现，宠物和其年迈的主人之间会建立互相影响、互相信赖的关系，老年人可以安享幸福的晚年。因此，拥有宠物的老年人生活得更愉快、寿命更长。

3. 宠物让老年人的生活更有规律

有宠物陪在身边，老年人会惦记着给它们喂食，按时带它们外出散步，这些也促使老年

宜

1. 有腰腿疾病的老年人，遛狗时需要格外小心，不要让狗绳缠住自己的腿脚，以免被绊倒。出外遛狗时，最好选择安静的场所。

2. 老年人养狗也要注意狗毛的长度。短毛的狗易于清洁和梳理，适合体弱的老年人。而长毛狗需要经常洗澡和精心梳理，喜欢给狗狗梳洗打扮的老年人也能从中获得很大的乐趣。

3. 饲养幼犬比饲养成年犬更容易培养狗对主人的忠诚，狗的生活习性也较容易调教。

忌

1. 洋葱

洋葱对狗来说有强烈的毒性，吃多了会引起急性贫血，甚至危及性命。

2. 盐或是腌制的食品如咸鱼、腊肉、火腿等盐分高的食品

狗食用过量的盐也会中毒。

3. 肝脏

很多养狗的市民会经常买一些动物的肝脏给狗吃，但肝脏最容易储存毒素，这会使狗维生素A中毒，或产生皮肤瘙痒、肌体肥胖等症状，所以尽量不要给狗吃动物的肝脏。

人自己按时用餐，坚持户外活动。老年人容易感到寂寞，但儿女们忙于工作无法经常陪伴在父母身边，如果养一只宠物，既能够陪伴老年人，缓解其精神上的空虚，同时还给老年人增添了生活乐趣。对于有些孤寡老人来说，宠物在一定程度上还能够保护老年人的人身安全。

小妙招

猫狗是不能吃巧克力的，因为巧克力中含有可可碱和咖啡因，而猫狗的体内没有相应的酶来分解，可可碱和咖啡因会留在猫狗的体内，产生毒素。而人体内存在可以分解可可碱和咖啡因的酶，所以人吃巧克力不会中毒。中毒后的猫狗会出现呕吐、四肢抽搐的症状，排尿的次数也会增加。提醒大家，巧克力对人来说是美味的甜品，但却是猫和狗的毒品。

登山有学问

登山是古今中外广为推崇的一项强身健体活动。老年人利用闲暇之时，走进高山，走进大自然，呼吸新鲜空气，欣赏迷人的风景，有助于祛病延年。

上山时的注意事项：

1. 登山之前先热身

平时较少参加登山运动的人，在登山前要用10～20分钟做一些肌肉伸展运动，尽量放松全身肌肉，这样登山时会觉得轻松许多。

2. 控制好活动量

秘诀是"慢慢走，轻轻摆，不停顿，少歇息"，均匀使用体力，一般以无明显出汗为宜，这时的活动强度相当于平地快走的强度。另外，上山时，每一步如能有意地增加一些弹跳动作，不仅省力，而且使人精神振奋，充满活力。

3. 上山少往高处看

登山途中不要总往高处看，向上看往往使人产生疲惫感。向上攀登时，目光停留在自己前方3.5米处最好，这样比较省力。

4. 一定要量力而行

根据个人的体力和身体素质而定。爬山时强度不

宜

1. 对山上的气候特点应有所了解

带好衣物以备早晚御寒。登山以穿旅游鞋为宜。

2. 登山前先检查身体

有严重高血压、心脏病的人不要登山，以免发生意外。

3. 尽量少带行李

同时准备好速效救心丸、藿香正气水、止血贴、麝香止痛膏等药品以备急用。

宜过大，心率保持在 120 ~ 140 次 / 分钟。当感觉心跳有些快时，就应减慢爬山速度，同时做深呼吸，等到心跳恢复正常再继续。

5. 老年人要等太阳出来才能上山

早晨是一天中气温最低的时候，室内外温差很大，老年人猛地受到冷空气的刺激，容易发生血管痉挛，诱发心绞痛或心肌梗死。老年人最好在上午 10 时左右开始爬山。

6. 老年人不要空腹爬山，最好随身携带食物和水，注意及时补充水分和能量

爬山前哪怕是不渴也要喝一杯水，可稀释血液。爬山时要注意随时补充水分，最好是含有糖分及电解质的饮料，可以减轻疲劳感。

7. 老年人爬山时最好采取科学的姿势，不仅省力，而且能科学地锻炼身体

走上坡路时，尽量将重心放在脚后跟上，身体的重量就会分配到大小腿乃至腰部，这比用前脚掌爬山要省 1/3 左右的力。

下山时的注意事项：

1. 下山时要放松

下山时挺胸、轻步、莫甩手、稳定重心，保持良好的身体平衡。

2. 下山时不要走得太快

下山不宜走得过快，更不能奔跑，否则会使膝盖和腿部肌肉感受过重的张力，使膝关节受伤或肌肉拉伤。

小妙招 **晚年张学良的养生法：清晨登山健身**

张学良每日清晨 6 点起床去登山，在登山前喝一杯温开水来滋润咽喉；吐出全身浊气后，边走边吸入新鲜的空气，同时不断放松身体；登顶后站立稍微提肛，对着群山发出笑声、吼声，把体内的气全部吐出去。

忌

1. 逞强好胜

   当感觉心动过速时应当减速。

2. 空腹登山

   登山消耗体力多，应注意随时补充能量，老年人可随身携带一些食物和水。

适合中老年人出游的路线

温馨提示

　　老年人到各处走走，对身心健康大有好处，但是老年人毕竟不能与年轻人相比，老年人旅游应注意什么？对患心血管及呼吸系统疾病的老年人来说，寒冷的天气不宜出游，炎热的夏季对老年人也是不适宜的，容易引起中暑。故而最佳的时期，应该是春秋两季，春暖花开和桂花飘香的时节是老年人出游的最好时光。

适合老年人旅游的地方之一——泰山赏桃花

　　旅游线路：泰山、青岛、济宁、曲阜圣城、蓬莱仙境、周村古城

　　旅游线路亮点：美丽的桃花是泰山春天里最靓丽的风景。12万亩连绵起伏的花海惹人心醉。

适合老年人旅游的地方之二——桂林大圩古镇赏春怀古

　　旅游线路：桂林、阳朔、大圩古镇、冠岩、银子岩

　　旅游线路亮点：桂林清秀的山水，最适合老年人回归大自然，放松身心；结伴游览已有千年历史的大圩古镇，欣赏清代徽派建筑风格的青砖、青瓦楼房，在青石

宜

1.老年人旅行前都体检，对自己的身体情况有所了解。

2.除携带平时服用的药物外，还应备有感冒、腹泻、止痛、消炎之类的药物。急救药一定要随身携带。若晕车船，还应带上防晕药。

3.防止受凉感冒，春秋出游，气候多变，游览中不减衣，还要带上雨具，以防不测风云，使身体受凉。

4.出游途中，一定要注意饮食，不要吃得太油腻，要以清淡为主，多吃蔬菜、水果。要注意节制饮食，对各地美味佳肴、风味小吃来者不拒，势必加重胃肠负担，严重者出现腹痛、腹胀等症状。

板路上漫步，怀旧风十足，很适合知性长者；桂林的农家美食和清新空气，对久居都市的银发族有着巨大的吸引力。

适合老年人旅游的地方之三——邮轮豪情游三峡

旅游线路：三峡

旅游线路亮点：长江三峡充满"东方美"，将水、丛林、文化景观完美地结合在一起。同时，三峡是全球排名前五位的峡谷中罕见的游船可以穿行的大峡谷。

适合老年人旅游的地方之四——普陀祈福、江南赏春

旅游线路：普陀山、新昌、西塘

旅游线路亮点：佛教名山普陀山一向不乏长者游客。在被称为"海天佛国"的普陀山，可以一边祈福，一边在绵绵潮音中感受天地和谐，同时体验渔民生活、游览绝美的桃花岛；新昌的大佛寺因拥有"江南第一大佛"而闻名，融人文景观与奇岩、怪石、幽谷为一体；至于"生活着的千年古镇"——西塘，在此大可抛开尘世烦嚣，悠闲度假。

忌

1. 过度疲劳

应根据自己的身体状况、病情以及旅游景点和行程，量力而行，不要勉强。

2. 空腹登机

飞行时人体需要消耗较高热量，所以，要注意摄取较高热量的食品。一般在上飞机前，旅客可根据情况选择面包、点心、面条、酸奶、绿叶蔬菜、瘦肉、水果等。

3. 吃得过饱

高空条件可以使食物在体内产生大量气体。吃得过饱，一方面加重心脏和血液循环的负担，另一方面可引起恶心、呕吐、晕机等"飞行病"。

小妙招 妙用老年人优惠

一般上了60岁的老年旅游者在国内不少景区都能享受到不少旅游优惠。比如国家规定国有的景区门票对60岁以上老年人一律减免，而其他一些商业景区也会有一些类似的规定，所以一定要带上老年证，可以节省不少开支。此外，老年人到使馆签证也能得到特殊照顾，像申请美国签证时，满80岁的老年人可以通过中信银行的免面谈代传递服务向使馆签证处递交非移民签证申请，无需亲自前往排队面签。还有一些航空公司会针对老年人推出特别的优惠票价，各个航空公司的优惠方式和程度不同，不妨细心留意。

婚姻家庭篇

夫妻恩爱利长寿

夫妻恩爱能产生温暖、宁静、协调的情趣，有利于大脑皮质功能和机体免疫功能的生理协调，促进体内分泌出有益的激素、酶和乙酸等物质。这些物质能把体内血液的流量和神经细胞的兴奋程度调节到最佳状态，对身心健康十分有益。

宜

1. 心理"磨合"

夫妻的性格、爱好和生活习惯不完全一样，应该尊重和允许对方有自己独特的兴趣和爱好，尽量满足对方的心理需求，有条件的应当参与到对方的活动中去，共享乐趣。

2. 心理"搀扶"

老伴给予精神依托和生活照料是其他亲属所不能替代的。当一方烦恼时，另一方的心理"搀扶"和生活护理，都会使对方得到慰藉。

3. 心理"保鲜"

老年夫妻在年复一年的日常生活中容易趋向过分求实而缺乏浪漫，正所谓"老来情比少时淡"。因此，双方要不断创造魅力，以持续吸引对方。

瑞典的研究人员对 989 名 50～60 岁中老年人追踪观察 9 年，发现离婚者或孤独老妪老翁有 22％死亡，而白头偕老者去世只有 14％。由此可见，老年夫妻更应相敬如宾、互相信任、互相体贴、共分忧愁、共享欢乐，使双方的情感更加和谐融洽。

1. 经常回忆热恋

结婚以后，经常回忆婚前的热恋情景，能唤起夫妻的感情共鸣，并在回忆中增加浪漫情感，更加向往未来，从而增进夫妻感情。

2. 庆祝纪念日

结婚纪念日、对方生日、定情纪念日等，是夫妻双方爱情史上的重要日子。届时，采取适当的形式，予以纪念，使双方都感到对方对自己怀有很深的爱意，这对于巩固夫妻感情作用甚大。

3. 补偿往昔情债

不少夫妇结婚时因条件所限，未能表达出对对方的爱意，如未能度蜜月，未能给爱人买礼品等。当条件具备时，记着完成这些未尽事宜，就会使对方觉得你是个很重感情的人，爱你之情倍增。

4. 学会取悦爱人

婚后，女同志要一如既往地温柔贤淑，对丈夫呵护关心；而男同志则应细心体味妻子的内心感受，不但要处处体贴爱护妻子，而且还要学习一些取悦妻子的方法，如担当她购买服装的高参，帮她制订美容计划等。

5. 创点意外惊喜

出乎意料地使对方惊喜，会起到感情"兴奋剂"的作用。为夫妻俩创造一个对方没有预备但却非常喜欢的活动等，都可使意外惊喜油然而生，从而在惊喜中迸发出强烈的感情之花，掀起欢腾的爱情热浪。

6. 尊重对方

人都是爱面子的，当着别人的面批评爱人，最容易挫伤对方的自尊心，影响夫妻感情。所以，要学会尊重对方，人多的时候要奉承爱人，以博得对方的欢心。只有夫妻俩在一起时，你再向他（她）提些意见，对方就会在愉快接受之余，感受到你煞费苦心中体现出的浓浓爱意。

小妙招 老年夫妻也需要"肌肤相亲"

老年夫妻不仅应保持同床共枕的习惯，还要时时不忘给予对方温柔的抚摸、临睡前一吻等亲密行为，适度调整性生活的频率和方式。轻轻抚过爱人的额头、双颊、臂膀，都是不错的选择。这些部位虽然未必能唤起性欲，但温暖的感觉却能令人柔肠百转。每一次深情抚摸，都能让人回忆起那些共同走过的岁月。

忌

1. 缺少情感交流

夫妻之间表达感情的方式很多，一些微不足道的事情，都能在夫妻之间增添一份柔情、一丝留意。

2. 为己容，为悦己者容

由于男女生理不同，男性的魅力期比女性久远，这时更需要主观的努力，用更深的爱去寻求双方的共同点，重塑自己的风采。

如何处理与子女的关系

在家庭中，婆媳关系最容易产生矛盾。婆媳关系一紧张，父子关系、母子关系、公媳关系、夫妻关系往往也随之紧张。其实，只要注意以下几点，婆媳关系是完全可以处理好的。

宜

1. 抓住机会建立感情

婆媳关系的最高境界是情同母女，如果媳妇能在关键时刻给婆婆帮助，婆婆会认可媳妇。

2. 小事放弃，大事坚持

与其在鸡毛蒜皮的小事上啰嗦，不如把话语权留到关键时刻用。话多了就不值钱了。

3. 平心静气建立联盟

与其用指责的方式改造他人，不如自己行动让双方都愉快。

1. 相互尊重

婆婆和媳妇都要相互承认对方独立的人格、独立的经济地位，谁也不要支配谁，谁也不要听命于谁，全家的事情商量着办。如经济开支，涉及整个家庭的，集体讨论；属于个人范围的，互不干涉。又如管教孩子，主要是父母的事，如果感到媳妇管教方式不当，婆婆可事后提醒，决不要当着孩子的面去干涉，免得产生矛盾。

总之，媳妇要多尊重婆婆，多想想婆婆年纪大，管家有经验；婆婆也要多尊重媳妇，多想想年轻人自有年轻人的想法。

2. 相互谅解

媳妇要体谅婆婆，老年人所想不可能和年轻人完全一样；婆婆也要多体谅媳妇，婆婆对待子女要一视同仁；媳妇和丈夫亲，要多考虑安慰婆婆，不要使婆婆产生一种孤独、落寞之感；但即使媳妇对丈夫照

顾较多，对婆婆照顾有所不同，婆婆也应这样去想："小夫妻亲热些，是好事。"在家务劳动方面，媳妇要照顾婆婆，自己多做些；婆婆要考虑媳妇工作忙，自己多帮帮她，这样双方的矛盾就小了。

3.切忌争吵

在任何情况下，婆媳都不要"针尖对麦芒"地争吵，如果一方发火了，另一方要暂时忍让，过后再说。如果一吵，势必扩大矛盾，而且较难转弯；几次争吵，有了成见，就更不好调和了。平时如果有意见，不要和邻居、亲友乱讲，有机会时双方开诚布公地谈一谈，或是由儿子恳切地传达。

4.父子要起缓冲作用

如果婆媳产生矛盾，不管谁是谁非，父亲与儿子都要保持"中立"，进行调解，等婆媳双方情绪平息下来后再说。

5.精神上的安慰和物质上的照顾相结合

媳妇对婆婆多问寒问暖。当婆婆身体不适时多加照顾，经常买些婆婆爱吃的东西，这不仅是物质照顾，更主要的是精神上的安慰。婆婆对媳妇也是如此，婆婆有时可以买些东西给孙子孙女。但是婆媳无论为对方做了多少好事，都不要常挂在嘴上，对亲友、邻居宣扬；更不要在双方发生矛盾时"算账"。

小妙招

"岳母关系"为参照

"岳母关系"的品质普遍好于"婆媳关系"的关键在于（至少是半个儿子），女儿嫁出去较少有失去女儿的失落感，反而觉得有多了个儿子的亲密感和幸福感。这点和婆婆的心态的完全不同。

忌

1.男士做恶言传话筒

只传好听的话，如果没有就自编一些。

2.在老妈或老婆面前表扬对方的好处，这样会让彼此吃醋，一定要表扬面前的女人。

3.不经常回家探望

打电话询问，或发个短信表示你对两个女人的关心。

4.错过特别的日子

生日、节日、纪念日等，送小礼物或当面祝贺。

如何处理与孙辈的关系

> 很多老年人照顾孙辈时，对孩子有强烈的依赖倾向，渴望孩子"黏"着自己，以"除了我谁也带不好孩子"为荣，甚至认为自己在孙辈生命中扮演的角色远比孩子的父母重要……对此，教育专家指出，老年人对孩子的"依赖症"是隔代教育中祖辈宠溺孙辈的心理根源之一。

老年人自我价值感缺失导致"孙辈依赖症"

老年人退休后，自我价值得不到体现。在照顾孙辈的过程中，他们发掘了自己在家庭中的重要性。当孩子依赖祖辈时，老年人的心理得到极大满足，于是更加乐于"负责"孩子的教育和大事小情。在这样的家庭中，孩子的父母与老年人的关系也会因此变得有些紧张。当老年人事事都表达出不容置疑的意见和做法而且孩子只听老年人的话时，孩子的父母通常都无可奈何，由于工作忙，只能接受现状。

祖辈人：当好"配角"，活出"自我"

为了让孩子能身心健康地成长，将来能在剧烈的社会竞争中立于不败之地，祖辈人要自觉做教育隔辈人的"配角"，孩子父母的责任是任何人不能替代的，父母才是主角。在抚养、教育隔辈人时，老年人要注意培养孩子的生活自理能力和劳动习惯。孩子自己的事情和孩子在家里应该承担的事情，尽量让孩子自己去做，祖辈人不要越俎代庖，事无巨细包办代替。

此外，专家还提醒，隔代教育中，祖辈人关注孙辈的同时，也要关注自己的精神生活，拥有自己的兴趣爱好，这不仅能引导孩子拥有广泛、健康的兴趣，同时也能让自己生活得更充实、愉悦。老年人拥有"自我"的生活，可以防止几年后，当孩子不再需要贴身照料时，再次失去"心理依赖"，从而出现抑郁倾向。

宜

1. 以身作则、言传身教

要求孩子做到的，自己首先要做到。有时大人做得不对了，允许孩子当面讲。

2. 说话算数

答应孩子的就一定要办到，但不要轻易承诺。

3. 疼爱有度

疼爱也要有节制。要让孩子在家里也要保持在幼儿园培养的良好习惯，自己的事情自己做。

小妙招

"非常外婆"隔代教育有妙招

尽量少给孩子买玩具。比起玩具，更应该注意让孩子亲近生活。比如在家里包饺子，他帮忙包；炒菜，他帮忙洗；擦地，他帮忙提水。虽然有时候他弄得很乱，但在无形中他学到了很多。

小孩子的耐心有限，所以要培养他的兴趣，他才会主动去学。可以采用一些比赛的方法，让他产生兴趣，鼓励他学习。

忌

1. 溺爱宝宝

把爱全部集中到孙辈的身上，疼爱有加，过分关注，以至于事事代劳，处处迁就，导致出现任性、依赖性强和生活自理能力低下等问题。

2. 引发家庭矛盾

祖辈和父辈之间很容易因为孙辈的教育问题引发家庭矛盾。如果祖辈再出面阻挠父辈"教训"孙辈，这种矛盾就会进一步激发。

3. 抱持老观念不放

许多祖辈教育理念比较落后，他们还可能在无意识间传递给孙辈一些跟不上时代潮流的东西，约束孩子的思维，妨碍孙辈的发展。

"空巢老人"的生活

据调查，我国"空巢老人"达51.9%。"空巢老人"防范风险的能力薄弱，特别是孤寡、独居的老年人很少与社会交往，容易产生无趣、无欲、无助等不良情绪，这些不良情绪易导致疾病的发生，甚至发展为自杀。

宜

1. 家里尽可能安装高质量的防盗门窗

一人在家要关好房门，睡觉时尽量不开窗。

2. 贵重物品尽量存入银行

存折不要跟户口本、身份证等放在一起，以免带来不必要的麻烦。

3. 妥善保管钥匙

最好把钥匙挂在胸前，如果出门最好让人知道去向，还要随身携带信息卡，上面写上姓名、儿女电话、家庭住址等，以防走失。

4. 平时最好多与邻居走动

这样在遇到困难时身边也有个人可以帮忙。

老年人如何克服"空巢"的心理危机呢？

1. 老年人要对子女与自己的关系有正确认识

无论是父母还是子女都应该是独立的个体，子女的离家是他成熟和独立的标志。在子女离家前，父母应该调整自己的生活重心和生活节奏，而不是一切围着孩子转。

2. 无事可干是诱发心理问题的一大因素

广交朋友，经常串门，和朋友聊天，倾诉内心的压抑与不快是中老年人放松身心的最佳良药。要注意培养兴趣爱好，如种花、练书法、听音乐及适度的体育锻炼等。

3. 子女要了解父母的心情，尽量常回家看看，陪陪父母，为父母干干家务等

这对处于孤独中的老年人来说是最大的

安慰。随着年龄的增长，父母的生理功能逐渐衰退，对他人的依赖性越来越高，心理上也越来越脆弱，因此，亲情的抚慰对"空巢老人"的健康生活至关重要。

4. 每天为了爱好忙个不停

参加的社会活动多，每天都有忙不完的活，晚上头挨到枕头两分钟就能呼呼大睡。

5. 找几个脾气相投的朋友，三天两头打个电话就不觉得孤单了

老年人早上一般起得比较早，去早市买买菜，时间很快就过去了，可下午却像进入了真空，找不到有意义的事情，时间就显得格外漫长。如果有几个脾气相投的朋友，能三天两头打个电话问候一下，就不会觉得孤单了。

6. 人老了，心不应该老

现在八九十岁的人很多，七八十岁不算老，心里面要装着年轻，内心年轻了，再找一些爱好，给自己定一个目标，那您的生活就会过得很有意思。

小妙招

宠物伴侣对"空巢老人"身心健康有影响

生物学家研究发现，宠物伴侣和其年迈的主人之间相互影响、相互依赖的关系有利于老年人的生理和心理健康。宠物伴侣提供给主人一种特别的、多层面的依恋，使老年人感到被关注并用自己内部的力量自助。国外研究证明，拥有宠物伴侣的老年人生活得更愉快，寿命更长，在心脏病发作时幸存的可能性更大。

忌

1. 对于自称"老乡""神医"等人，要特别提高警惕，如果有大额款项支出，要尽量告诉儿女知道，听取他们的意见，切忌贪小便宜吃大亏。

2. 轻易在家里接待陌生人
对那些突然来访的陌生人员，必须见到他们的证件或者通过邻居的证明才能开门；对于一些既无证件、又无证明的"不速之客"，尽量不要在家中接待。

再婚应注意的事项

对于丧偶的老年人来说，再婚的确是件大事，也是一件喜事。老年人再婚可以摆脱孤独，缓解压力，处理得好可以互相照料欢度晚年，处理得不好则会给晚年生活带来烦恼。

宜

婚前做"财产约定"明确婚前、婚后财产的归属，在世时，每月给再婚老伴（主要是女方）多少钱。或去做"遗产继承公证"，写明一方老人去世后，再婚老伴可以得到多少补偿。这样多少可以避免与子女、再婚配偶之间的矛盾冲突。

1. 再婚切忌"短、平、快"

如果双方没有取得共识和理解，并建立一定的感情基础就匆忙结合，将会陷入进退维谷的境地。要想再婚幸福，应做到：

一要加强婚前了解，如了解对方的性格、爱好、文化素养、经济状况以及家庭成员组成，尤其是双方子女对老年人再婚的态度。

二要明确权利和义务，将双方未成年子女的抚养责任和双方子女对两位老人应尽的赡养义务明确下来。

三是考虑财产问题对婚姻生活的影响，应在婚前进行公证，以免婚后发生争执。

2. 透过表面知对方

再婚者除财产、儿女等问题之外，彼此健康方面的详细情况是必须了解清楚的。有些老年人患有传染病，一旦再婚后亲密接触，就有可能传染给对方。

3. 未婚同居当慎重

未婚同居不为法律所认可，其间如果当事双方的权

利受到侵害，是无法得到法律保障的。

4. 自尊是再婚的基础

老年人再婚，感情基础欠缺，极容易怀旧、彼此猜疑，另外，由于经济因素，你有钱就和你过，没有钱就"拜拜"的现象很普遍，很少有同甘共苦的。因此，老年人再婚要考虑对方的经济条件，确保今后的生活有保障，这也是必须的，但是不可以因为条件而放弃自尊，要想使自己的晚年真正幸福，就要打好再婚的感情基础。

5. 不让"对比"影响再婚

丧偶的老年人再次恋爱时，总是自觉不自觉地拿眼前的对象与过去的老伴相比。婚姻专家为此提出了可以避免"对比"的办法：一是直面生活，双方在有矛盾时应就事论事，不对过去的事和物做广泛联想；二是改变思维模式，即使遇到不快，也要学会用新人的优点和故人的缺点相比对；三是注意不去触动各自心理上的敏感点，例如双方条件的优劣问题、彼此间的信任问题，特别是老年人的竭力回避或厌恶的事情。

小妙招

忌

1. 将原来的家庭阴影带入新家庭

因为感情不和与老伴分开的老年人，再婚后如果把原来感情上的阴影带进新的家庭，事事要态度、提防新老伴，这样双方的感情就会出现隔膜，生活在一起也不会幸福。

2. 让经济问题侵蚀双方情感

如果双方都考虑自己的经济利益，为金钱而斤斤计较，这也会给婚姻带来阴影，而使新的婚姻难以维持。

3. 因偏心导致婚姻夭折

孩子是自家的好。在孩子问题上，如果双方都偏袒自己的孩子，很容易使子女同老人形成对立，从而影响老人之间的感情。

老年人再婚如何处理经济问题更靠谱

不论双方的收入多少，也不管一方是否有收入，所有的钱应当视为夫妇双方共有的财富，双方有平等的支配权，不应分什么你的我的，或者你用多了我用少了，既是夫妻，收入当然归共同所有，不应分彼此。还有一种是双方都有收入，各自有各自的分配权，在生活上不计较你买还是我买，双方有花钱和存钱的权利。